16/2016

Ich verstehe dich

Georg Fraberger & Roland Raske

ICH VERSTEHE DICH

Endlich Klarheit in der
Kommunikation

ueberreuter

1. Auflage 2016
© Carl Ueberreuter Verlag, Wien 2016
ISBN 978-3-8000-7662-8

Covergestaltung: Saskia Beck, s-stern.com
Coverfoto: Severin Wurnig
Lektorat: Dr. Arnold Klaffenböck, Mag. Marielle Weiss
Satz: Hannes Strobl, Satz·Grafik·Design, Neunkirchen
Druck und Bindung: Finidr s.r.o.

www.ueberreuter-sachbuch.at

Inhalt

Wer versteht wen?

„Mein Mann sagt immer: ‚Ich verstehe dich', und trotzdem nimmt er keine Rücksicht auf mich." – „Meine Frau sagt immer: ‚Ich verstehe dich', aber ich bin nicht in Stimmung." Wieso macht der andere also nicht das, was man möchte, wenn er/sie doch versteht, wie es einem geht?

Beide Aussagen zeigen, dass Beziehungsprobleme nicht damit gelöst sind, dass einer den anderen versteht. Man fühlt sich erst dann wohl, wenn man *einander* versteht. Dieser kleine Unterschied macht eine gute Beziehung aus.

Der große Wert zwischenmenschlicher Kommunikation besteht darin, dass wir durch das gegenseitige Verstehen der Bedürfnisse Lösungen finden können, wie alle Gesprächspartner zufrieden und glücklich werden können. Vorausgesetzt, wir verstehen einander. Viele Menschen versuchen nicht, den anderen zu verstehen, sondern lediglich zu bekommen, was sie wollen. „Verstehe mich doch" wird gegenwärtig verwendet, damit etwas getan oder unterlassen wird. Das bedeutet, dass einer von zwei Gesprächspartnern auf sein Glück warten muss.

Doch was ist Kommunikation?

Heutzutage muss man Kommunikation mit der Bereitstellung einer Signalintensität eines Handynetzes vergleichen. Sie ist ebenfalls unsichtbar und hat unterschiedliche Stärken. Volles Signal heißt Liebe, wenig Signal heißt Bekanntschaft. Kommunikation bedeutet, eine Beziehung mit jemandem einzugehen. Bei einem Handy kann man es sich aussuchen, bei wem man abhebt. Bei einer Beziehung mit einem Menschen wird die Verbindung sehr einfach hergestellt. Es genügt ein Kontakt in Form eines Blickes oder Händedrucks. Wir suchen uns oft nicht aus, mit wem wir eine Beziehung eingehen. Die Art der Beziehung muss noch definiert und erarbeitet werden. Dies funktioniert, indem Gefühle zugelassen oder abgewehrt werden. Wenn ich mit jemandem eine intensive Beziehung eingehen will, müssen Gefühle für den anderen erkennbar sein, man muss einander verstehen. Um mit jemandem eine rein berufliche Beziehung einzugehen, müssen Gefühle in den Hintergrund gestellt werden, ein Thema steht im Vordergrund. Die Besonderheit menschlicher Kommunikation besteht darin, sowohl sich selbst als auch das Gegenüber erfassen zu können.

Um jemanden zu verstehen, muss ich mich mit ihm auseinandersetzen, und zwar mit allem, was diesen Menschen ausmacht. Hierfür ist es wichtig, offen und bereit zu sein, die Identität des anderen zu erkennen. Das bedeutet noch nicht, dass man mit diesem Menschen in näheren Kontakt treten möchte oder ihn akzeptieren muss. Es heißt, sich nicht von vornherein dagegen zu wehren. Das bedeutet für beide Kommunikationspartner, das auszuhalten, was der jeweils andere bietet.

Die große Herausforderung bei der Auseinandersetzung mit Kommunikation liegt darin, dass viele für die Kommunikation wichtige Aspekte unsichtbar sind – wie das Netzwerk eines Handybetreibers. Von einem Kommunikationsratgeber erwartet man eine Anleitung dafür, was man sagen muss, damit man verstanden wird und Kommunikation konfliktfrei verlaufen kann.

Der vorliegende Kommunikationsratgeber betrachtet die unsichtbare Verbindung zwischen zwei Menschen anhand von Beziehungsproblemen und deren Ursachen. Mithilfe von Beispielen und Modellen wird gezeigt, wie man bereits nonverbal klar vermitteln kann, wo es Grenzen gibt, indem man sich selbst vorab Gewissheit über diese Grenzen verschafft. Müssen wir erst einmal reden, um unsere Position zu verteidigen, haben wir schon verloren. Kommunikation beginnt viel früher als beim gesprochenen oder geschriebenen Wort. Es soll gezeigt werden, wie wichtig bereits unsere Gedanken sind, die andere Menschen zwar nicht lesen, aber fühlen können.

Erste Schritte

Die unsichtbare Verbindung zu einem anderen Menschen kann durch Worte, Blicke oder Gesten leicht hergestellt werden. Doch Kommunikation ist so vielschichtig, dass das, was gesagt wird, verschieden interpretiert werden kann.

Beziehungen werden unter anderem dazu benutzt, um von dem, der mein Problem versteht, zu fordern, dass er es löst. Der Satz „Ich habe Hunger" wird dann beispielsweise nicht als einfache Aussage verstanden, sondern als Aufforderung „Koche mir bitte etwas" oder „Gehe mit mir essen". Doch Kommunikation stellt mehr als eine verständliche Wunschliste dar. Kommunikation ist eine unsichtbare Verbindung zwischen zwei Menschen, in der etwas erkannt wird. Der Prozess des Erkennens bedeutet jedoch nicht gleichzeitig, jemanden zu verstehen.

Kommunikation beginnt mit einem Blick, einem Ausdruck von Empfindung, Gefühl oder Wissen und sie benötigt jemanden, der diesen Ausdruck als Botschaft erkennt. Sie ist eine Verbindung, bei der etwas geteilt wird – im Sinne von mitgeteilt und vermehrt.

Benutzen wir Kommunikation, um durch Verständnis Rücksicht zu erlangen, geht der Wert menschlicher Kommunikation verloren. Nur in der zwischenmenschlichen Kommunikation ist das gegenseitige Erkennen von beiden Gesprächspartnern wichtig. Wird nur einer erkannt, so wird der andere ausgenutzt. Diese Tatsache bemerkt man nur dadurch, dass man sich gestresst oder überfordert fühlt, verantwortlich für alles, falsch am Platz, hin- und hergerissen oder verunsichert fühlt. Für diese Gefühle macht man all jene Menschen verantwortlich, die einen nicht verstehen. Besser wäre es aber, über den eigentlichen Wert von Kommunikation nachzudenken. Hierfür ist es wichtig, sich daran zu erinnern, dass der Mensch nach einem Sinn im Leben strebt und dass dieser im Prozess des Erkennens liegt. Die Tatsache, dass jeder Mensch nach Erkenntnis strebt, macht es notwendig, dass man sich gegenseitig versteht. Versteht nur ein Mensch den anderen, bleibt einer der beiden auf der Strecke. Dieser fühlt sich gestresst und überfordert. Stress kann somit mit Verständnis in Verbindung gebracht werden. Verstehen wird somit relativ.

Grundlegende Annahme des Buches

In diesem Buch wird davon ausgegangen, dass jeder Mensch geliebt und verstanden werden möchte. Das ist durch Kommunikation erreichbar. Sie hat somit ein Ziel und kann manipulativ eingesetzt werden, indem Bedürfnisse anderer erkannt werden und kommuniziert wird, wie man diese befriedigt. Derjenige, der Bedürfnisse befriedigt, wird aufgrund dessen auch gemocht. Eine wichtige Frage dabei lautet: Wird man dafür gemocht, was man ist, oder dafür, welche Bedürfnisse man befriedigt? Wenn die Frau vom Mann Geld für Sex erwartet oder wenn eine Frau, die den Körper eines Models hat, nach sieben Jahren Ehe und vier Kindern an Gewicht zugenommen hat, stellt sich die Frage, ob der Partner auch dann noch gemocht wird. Inwieweit darf man nun seinen Partner von seinen Eigenschaften trennen? Es muss immer erlaubt sein, Gefühle und Meinungen zu äußern, auch dann, wenn der Partner dafür nicht bereit ist. Entscheidend ist, dass man sich frei ausdrücken und damit jegliche Variation von Beziehung eingehen oder auflösen kann. Wir brauchen Klarheit darüber, wie wir uns ausdrücken können, unabhängig davon, ob wir mit dem anderen eine Beziehung eingehen wollen oder nicht. Diese Klarheit können wir dann jedem Menschen vermitteln, sei es in einer Liebes-, Arbeits- oder Freundschaftsbeziehung oder im weit entfernten Bekanntenkreis. Es geht also darum, nicht mehr zu fordern, dass man verstanden wird, sondern Wege zu finden, wie man sich besser ausdrücken kann.

FALLBEISPIEL: Wer versteht wen zu Beginn der Beziehung?

Eine alleinerziehende Mutter mit zwei Kindern kommt zur psychologischen Beratung mit der Frage, wie sie sich verhalten soll. Sie habe einen Mann im Internet kennengelernt und ihn im Kaffeehaus getroffen, wo sie sich circa eine Stunde lang unterhalten haben. Nach diesem Treffen, bei dem sie sich auch geküsst haben, sei aber jeder zu sich nach Hause gegangen. Nun stehe sie vor dem Dilemma, dass sie den Mann sehr nett und aufregend finde, sich von ihm jedoch emotional erpresst fühle. Das schrecke sie sehr ab. Vor dem Schlafengehen nach dem Treffen erfolgte nämlich folgende Unterhaltung per SMS:

Mann: Kann ich dich noch etwas fragen?
Frau: Ja gerne.
Mann: Hast du morgen Zeit für einen Kaffee?
Frau: Würde mich gerne mit dir treffen, kann aber leider nicht.
Mann: Ach so ...

Frau: Ich muss arbeiten und mit meinen kranken Eltern und den Kindern einkaufen gehen.

Mann: Hätte mir die Zeit genommen, habe in der Früh, mittags und abends Zeit.

Frau: Ich auch, wenn es möglich wäre.

Mann: Hab morgen sturmfrei.

Frau: Schade.

Mann: Ich wäre auch mit einem Kaffee zufrieden.

Frau: Quäl mich nicht.

Mann: Nicht meine Absicht. Wo ein Wille, da ein Weg.

Frau: Das ist nicht fair.

Mann: Es war nur eine Bitte.

Frau: Hartnäckigkeit funktioniert bei mir, darum ist der Versuch okay.

Mann: Hätte mich gefreut, wenn es geklappt hätte.

Frau: Mich auch.

Mann: Spät abends, wenn die Kids schlafen? Ein Nein tut mehr weh, als wenn du sagen würdest: „Ich versuch's."

Frau: Das ist emotionale Erpressung ... bitte lass das.

Mann: Hätte mich nur gefreut, dich zu sehen ...

Dieses Beispiel zeigt, wie es bereits nach kurzer Zeit zu Problemen durch unklare Kommunikation kommen kann. Unklar wurde die Kommunikation, da der Mann nicht sah, dass die Spannung seiner Gesprächspartnerin von seinem vehementen Fordern ausgelöst wurde. Von außen betrachtet ist das Problem leicht zu erkennen. Beide scheinen sich zu mögen und an einer Liebesbeziehung interessiert zu sein. Der Mann erlebt das Keine-Zeit-Haben der Frau als persönliche Zurückweisung. Bei ihm entsteht ein Gefühl der Spannung, wenn er mit der Frau kommuniziert. Diese Spannung könnte auch als Vorfreude oder

Sehnsucht empfunden werden. Der Mann jedoch hat die Spannung als Ablehnung und Enttäuschung erlebt. Ein Gefühl, das er offensichtlich nicht aushalten kann. In der Unterhaltung per SMS gibt er der Frau einen Teil dieses Gefühls weiter. Sie spricht darüber mit ihrem Psychologen. Nachgeben sollte die Frau in dieser Situation nicht, das würde das Problem nur auf andere Situationen verschieben. Um die Situation zu lösen, müsste die Frau den Mann auf sein Problem mit Zurückweisung hinweisen und deutlich machen, dass sie dieses Problem nicht lösen kann.

In diesem Beispiel wird ein weiteres Hauptproblem von Kommunikation deutlich: Deutet einer der beiden Teilnehmer an, dass er den anderen versteht, ist jener, der sich verstanden fühlt, derart erleichtert, dass er das Gefühl hat, dem anderen gar nicht mehr zuhören zu müssen. Er hat ja seinen Standpunkt ausdrücklich dargestellt.

Das Bedürfnis, verstanden zu werden, ist mit dem Bedürfnis verbunden, einen Platz in der Gesellschaft oder im Herzen eines Partners zu erhalten, und zwar durch Kommunikation. Folglich stellt es ein existenzielles Problem dar, das große Auswirkungen auf Körper und Geist hat. Wenn wir also nicht verstehen, weshalb der Partner oder die Partnerin unerwünscht handelt, entsteht Druck in uns und es entwickelt sich eine unangenehme Spannung zwischen uns und dem Gegenüber. Erst dann beginnen wir darüber nachzudenken, was Kommunikation bedeutet – stets mit dem Ziel, so respektiert, geachtet und gemocht zu werden, wie wir sind. In diesem Ziel liegt auch die Ursache dafür, dass wir Worte oder Handlungen des anderen persönlich nehmen.

Das heißt, Worte oder Handlungen von anderen Menschen werden mit den eigenen Gefühlen verbunden, in der Vermutung, ein Wort oder eine Handlung des Gegenübers hätte etwas mit uns selbst zu tun. Die Verantwortung für die Erfüllung der eigenen

Wünsche wird durch Kommunikation an das Gegenüber abgegeben. Kommunikation hängt also immer mit Beziehung zusammen und damit, dass wir glauben, der andere tue oder unterlasse etwas unseretwegen. Alles Gesagte, alles Mitgeteilte beziehen wir auf die eigene Person. Damit wird jedes Wort, das mir gefällt und meiner Meinung entspricht, als „beziehungsfördernd" gewertet und alles, was mir missfällt, als „beziehungsstörend". Sofort machen wir unseren Partner oder unsere Partnerin für das eigene Gefühl verantwortlich und fragen: „Wieso verstehst du mich nicht?"

Kommunikation und Verantwortung

Kommunikation wird immer dann hinterfragt, wenn es Probleme zwischen Menschen gibt und man entweder versucht, etwas zu verbessern oder einen Schuldigen zu suchen – für all jene Dinge, die wir mit uns selbst in Verbindung bringen. Wir fragen: „Wieso tut der andere das, obwohl ich das nicht will?"

Wird man nicht verstanden, entstehen innere Spannungen. Die größte Herausforderung besteht dann darin, die Verantwortung für diese Spannungen selbst zu tragen. Meist genügt es in menschlichen Beziehungen, zu zeigen, dass man sein Gegenüber versteht, um Verbindlichkeit zwischen zwei Menschen entstehen zu lassen. Diese Verbindlichkeit wird zu einer Art Leine, an welcher wir uns orientieren. Tun wir das nicht, fühlt sich einer der beiden Kommunikationspartner unverstanden und aus einem Kommunikations- wird ein Beziehungsproblem.

Im Alltag stellen wir uns meist die Frage: „Warum tut mein Kommunikationspartner nicht das, was ich will?" Die Psychologie stellt in ihren Überlegungen aber stets das Individuum in den Mittelpunkt. Damit rückt die Person, die verstanden werden will, in den Vordergrund, nicht die Person, die verstehen soll. Folgende Fragen stehen somit im Fokus: Was strahle ich aus? Was übersehen die anderen? Warum entsteht Druck? Bin ich schuld, dass mich andere nicht verstehen?

All diese Fragen stellen sich in der Beziehung zwischen Mensch und Hund nicht. Ein Hund fragt sich nicht, ob er sich verstellen oder etwas vorspielen muss, ob er lieb sein oder gut aussehen muss, um gemocht zu werden. Er zeigt sich immer so, wie er ist.

In diesem Kommunikationsratgeber wird der Frage nachgegangen, wie wir authentisch kommunizieren können, um so zu leben, wie wir wollen, beziehungsweise andere Menschen so leben zu lassen, wie sie das eben möchten – trotz menschlicher Schwächen, die den gegenseitigen Respekt gelegentlich verschwinden lassen. Es geht darum, zu kommunizieren und gleichzeitig darauf zu vertrauen, verstanden zu werden: So gelingt es, innerlich locker zu lassen, alle Erwartungen mit weniger Kontrolle, Zwang oder Druck zu erleben.

Wie das funktionieren kann? Für den vorliegenden Ratgeber haben die Autoren – der Psychologe Georg Fraberger und der Hundecoach Roland Raske – es gewagt, Kommunikation zwischen zwei Menschen mit jener zwischen Hund und Mensch zu vergleichen. Ziel war es, die Grundlagen von Kommunikation besser zu verstehen. In beiden Formen von Beziehung ist es nämlich so, dass man nicht besser verstanden wird, nur weil man mehr oder lauter spricht. Es geht darum, die übermittelten Botschaften auch dann durchzudenken, wenn sich die eigenen Gefühle dagegen sträuben.

Wie kommt man aber dazu, die Hund-Mensch-Beziehung mit jener zwischen zwei Menschen zu vergleichen und dadurch etwas für uns Menschen zu gewinnen? In den Diskussionen über Kommunikation sind beiden Autoren zahlreiche Gemeinsamkeiten und hilfreiche Parallelen in zwischenmenschlichen Beziehungen beziehungsweise bei denen zwischen Mensch und Hund aufgefallen. Die Schwierigkeiten, dies auch hilfreich und nützlich zu erklären, sowie der Umstand, dass es Menschen gibt, die zu Hunden eine größere Zuneigung verspüren als zu ihren menschlichen Partnern, und dass mit Hunden viel klarer kommuniziert wird, haben sie in ihrem Ansatz ebenso bestärkt wie Redewendungen aus unserem täglichen Sprachgebrauch, die einen direkten Vergleich zwischen Beziehungen von Mensch und Hund zulassen: „Der hat ein Leben wie ein junger Hund", „dastehen wie ein geprügelter Hund" usw.

Psychologe und Tiertrainer begegnen sich

Auf der einen Seite ist da die Welt des Psychologen Georg Fraberger: Er wurde behindert geboren, studierte sechs Jahre lang Psychologie und ist seit 15 Jahren als Psychologe an einer Universitätsklinik und in freier Praxis tätig. Er hat erkannt, dass – stark vereinfacht gesagt – jeder Mensch nach Antworten auf zwei Fragen sucht: Wie muss ich mich verhalten, damit ich gemocht werde? Und: Wie finde ich jemanden, den ich lieben kann?

Zahlreiche psychische Krankheitsbilder sind, grob gesprochen, darauf zurückzuführen, dass Beziehungen nicht gelingen: Menschen, die sich mögen, engen sich ein, betrügen sich, mobben sich, nutzen sich aus, verbergen Dinge voreinander und werten sich gegenseitig ab. Weshalb? Weil Geld, Erfolg und Leistung den Wert eines Menschen steigern und somit eine Beziehung das Mittel zum Zweck werden kann. Kommunikation ist entscheidend, wenn es darum geht, Beziehungen einzugehen.

Auf der anderen Seite steht die Welt des Tiertrainers und Hundecoachs Roland Raske: Er ist nicht behindert, groß und stark, hat drei Jahre Erfahrung als Tiertrainer mit Tigern, Delfinen, Elefanten, Löwen und Hunden für Filmaufnahmen in Amerika gesammelt. Nach der Rückkehr nach Deutschland und Österreich spezialisierte er sich auf das Hundetraining. Seit 30 Jahren trainiert er Hunde anhand einer eigenen Coaching-Methode. Diese zielt darauf ab, die Bedürfnisse eines Hundes zu erkennen und zu erfüllen sowie ihm gleichzeitig einfach und klar zu zeigen, was man von ihm möchte. Der richtige Zugang zum Tier kann aber nur über den Hundebesitzer erfolgen.

Der Hintergrund – des Pudels Kern

Wie kommen wir dazu, die grundlegenden Kernpunkte von Kommunikation zu beachten? Ausschlaggebend war die Art und Weise, wie Georg Fraberger mit seinem Königspudel Bono umgegangen ist. Die Diskussion um Kommunikation hat im Grunde mit der Erziehung eines Hundes begonnen.

Der Kommunikationsprozess mit dem Hund hat gezeigt, dass in der Beziehung zum Hund kein gegenseitiges Verständnis erreicht werden muss. Ob ein Hund versteht, was ich von ihm möchte, ist nur daran zu erkennen, ob er sich so verhält, wie ich es als Besitzer erwarte. Verhält sich der Hund nicht so wie erwünscht, werden unterschiedliche Methoden eingesetzt, um zu erreichen, was ich von ihm erwarte. Beispielsweise erhält der Hund Futter oder Lob, sobald das gewünschte Verhalten eintritt. Erst im Vergleich der Beziehung zwischen Menschen mit der zwischen Menschen und Hunden wird die Bedeutung menschlicher Kommunikation sichtbar. Wir Menschen müssen einander verstehen, um harmonisch miteinander auszukommen. In der Beziehung zu einem Hund wird Verstehen relativ. Denn auch der

Hund lernt, was der Besitzer von ihm möchte. Der Hund hat jedoch gegenüber dem Menschen eine ganz eigene Art, „Nein" zu sagen. Er verweigert etwas oder zeigt einfach keine gewünschten Verhaltensweisen.

Ein Hund ist ein Partner, mit dem ebenfalls viel kommuniziert wird. Ob ich verstanden werde, ist letztendlich nur anhand des Verhaltens des Hundes erkennbar. Die Erfahrungen sind anhand von unterschiedlichen Situationen immer wieder Ansatzpunkte, die die Diskussion weiter vorangetrieben haben. Aus diesem Grund werden beispielhaft Hintergrundinformationen zu dem Erziehungsprozess und dem Umgang mit dem Hund gebracht.

FALLBEISPIEL: Menschlich kommunizieren mit einem Hund

Der Königspudel Bono kam zu mir, als er acht Wochen alt war. Er war der Erste von acht Hunden, der in mein Auto eingestiegen ist, der quasi mich ausgesucht hat. Er zeigte keine Scheu vor dem Rollstuhl, vor den Kindern oder vor langen Autofahrten. Binnen einer Woche war er stubenrein, dennoch brauchte ich einen Hundecoach, denn Bono zog an der Leine, lief, ohne auf mich zu hören, auf die Straße und begrüßte fremde Leute durch Hochhüpfen oder Bellen. Da half kein Reden, kein Ziehen an der Leine und kein Schimpfen. Sosehr ich auch versuchte, das Problem mit allen mir als Psychologen bekannten Modellen zur Kommunikation zu lösen, es gelang mir nicht. „Wieso versteht mich der Hund nicht?", fragte ich mich.

So kam der Hundecoach Roland Raske in unsere Wohnung. Interessanterweise sah er das Problem sofort. Er trat bei der Tür ein und der Hund orientierte sich augenblicklich an ihm, denn der Hundecoach versuchte ohne viele Worte mit ihm in Kontakt zu treten. Der Hundecoach traf des Pudels Kern:

Die erste Begegnung als Hundecoach mit der Familie Fraberger, die ausschlaggebend für zahlreiche Überlegungen und letzten Endes für dieses Buch war, gestaltete sich folgendermaßen: Es war an einem Montag, dem 1. Dezember, und ich war sehr gespannt auf die Begegnung mit dem Psychologen Georg Fraberger, seiner Frau Susanne und den Kindern in Wien. Bereits bei der ersten Begegnung fielen mir die Ruhe und die angenehme Stimmung in der Familie auf. Diese Ruhe wurde aber immer wieder plötzlich von einem kleinen schwarzen Wollknäuel unterbrochen. Bono, der drei Monate alte Königspudel, konnte diese Stimmung der Familie zwar deutlich wahrnehmen, bekam aber nicht den Platz als Hund in der Familie. Er war dauernd ohne Grenzen in Bewegung und unterbrach immer wieder die momentane Unterhaltung. Auch die Kinder wurden von dieser Aktivität ständig aus ihrem Rhythmus gerissen und das wiederum verstärkte die Lebhaftigkeit Bonos noch mehr.

Rasch war das Problem erkennbar: Dem Hund wurde kommuniziert, er wäre ein Mensch – jedoch einer, der nicht sprechen konnte und strenge Worte nicht als Grenze spürte. Die Betonung und Intonation hatten stets einen belohnenden Charakter. Die Art und Weise, wie etwa „Sitz" gesagt wurde, unterbrach das spielerische Herumtollen des Hundes nicht. Im Gegenteil, es bestärkte den Hund in seiner Aktivität, denn der freundliche Tonfall wurde von Bono als Lob für sein Verhalten erkannt.

Wie konnte man dem Hund nun aber zeigen, was man von ihm wollte? Die sich wiederholenden Aussagen und Kommandos von allen Personen zeigten dem Hund nämlich nicht, was er tun sollte, sondern stifteten nur Verwirrung.

*

Als Hundebesitzer musste ich Klarheit in der Kommunikation lernen, indem ich meinem Vierbeiner deutlich machte, was ich von ihm wollte. Verständnis, Einfühlungsvermögen und Rücksichtnah-me bekamen damit für mich als Psychologen eine neue Bedeutung. In der Hundeerziehung kann man davon ausgehen, dass der Hund gar nicht weiß, was man von ihm will. Mit dem Hundecoach lernte ich aber, wie man den Hund durch Motivation mithilfe von Futter und Gestik für seine Wünsche bewegen und interessieren kann. Ich weiß inzwischen, dass der Hund über Futter, Liebe und das Ge-währen von Freiheiten erzogen wird. Verbinde ich sein Verhalten im richtigen Moment mit der richtigen Bestätigung, zeigt er das von mir gewünschte Verhalten. Somit findet positive Hundeerzie-hung statt.

*

Im Fall Bonos war die erste Lektion, trotz der Ablenkung, die durch die Kinder verursacht wurde, nicht sofort loszulaufen, son-dern in Abstimmung mit einem anderen Familienmitglied stehen oder liegen zu bleiben – eine der schwierigsten Lektionen für die-sen jungen Hund. Allerdings war es für Familie Fraberger eben-falls schwierig, Bono auch öfter zu diesem Zweck in der Wohnung an die Leine zu nehmen. Steht der Hund erst am Beginn seiner Erziehung, nützt es kaum, mit ihm zu reden. Im Gegenteil, jedes Wort gilt zunächst als Bestätigung oder Belohnung. Damit ein Hund überhaupt begreift, dass ich etwas von ihm möchte, hilft es, ihn in seinem Bewegungsraum einzuschränken, seine Bewegungen entweder komplett zu stoppen, ihn an die Leine zu nehmen oder ihn festzuhalten. Dabei verknüpfe ich ein erwünschtes Verhalten durch gleichzeitige Belohnung mit Futter oder Lob. Hierdurch wird er motiviert, auf mich zu achten und das erwünschte Verhalten zu zeigen.

Das Problem der Gewissheit

Solange nicht Gewissheit darüber besteht, ob ein Hund weiß, was ich von ihm möchte, brauche ich eine Leine zur Kontrolle und besseren Kommunikation. Was muss also vermittelt werden, damit Gewissheit bestehen kann? Widerstand oder Wille? Bei einem Hund wird durch Training und Wiederholung geübt, dass der Hund auf mich achtet.

In der Kommunikation zwischen Mensch und Hund wird aufgrund dieser gelernten Achtsamkeit Gewissheit vermittelt. In der menschlichen Kommunikation brauchen wir auch Gewissheit. Diese wird jedoch anders transportiert. Achtsamkeit allein genügt nicht. Fehlt es einer Person in einer Beziehung an Gewissheit darüber, ob beispielsweise der Partner glücklich ist, so erfolgt die Kontrolle durch Worte und Gesten, zum Beispiel durch Anrufen, Beobachten, Maßregeln oder Nachfragen. Ohne es zu bemerken, wird der menschliche Partner auf die Beziehungsebene eines Hundes gestellt. Die Kommunikation wird sehr einseitig und zielt darauf ab, sich Gewissheit zu holen. Durch häufiges Anrufen oder Nachfragen, um sicherzugehen, dass der andere auch wirklich glücklich in der Beziehung ist, entsteht zwischen diesen beiden Menschen eine Spannung. Es entsteht der Eindruck, als führe der eine den anderen an der Leine.

Menschen lernen durch ihre Neugierde und Intelligenz, sich selbst neues Wissen und neue Erkenntnisse anzueignen und sich damit stetig weiterzuentwickeln. Dieses Wissen und die damit verbundene Kommunikationserfahrung können bei der Kommunikation aber auch im Weg stehen.

Ein Hund hingegen kann sich durch ein erlerntes Kommando, welches ihm zeigt, dass ein bestimmtes Verhalten gewünscht ist, nicht selbst weitere Kommandos beibringen. Er verfügt jedoch über eine ganz wesentliche Eigenschaft: Er kann auf erlebte

Abläufe genauer reagieren, denn er lernt verknüpfend und kann deshalb fast keine „falschen Schlüsse" ziehen, wenn er entsprechend trainiert wurde. Der Mensch hingegen neigt in der „bemühten Kommunikation", wenn er es dem Gegenüber besonders recht machen will, teilweise zu falschen Schlüssen und Äußerungen, wenn er diesen nicht selbstkritisch begegnet.

Wir müssen nicht reden, um zu sagen, was wir wollen

In seinen ersten beiden Büchern „Ohne Leib mit Seele" und „Ein ziemlich gutes Leben" hat sich Georg Fraberger damit befasst, was den Menschen ausmacht und wie man wird, wer man ist – unabhängig davon, in welchem Körper man sich befindet. Entscheidend ist das Bild, das man von sich im Kopf hat. Es bestimmt, wie man mit anderen Menschen redet und was man von ihnen will. Ist man mit sich zufrieden, strahlt man diese Zufriedenheit aus. Das sagt sich aber leichter, als es ist. Man muss lernen, sich selbst als genauso wertvoll zu sehen wie andere Menschen. Nur wenn man sich selbst nicht kleinmacht oder abwertet, kann man wirklich wertschätzend mit anderen Menschen umgehen. Es ist nicht möglich, von sich selbst wenig zu halten und gleichzeitig nett zum Gesprächspartner zu sein. Denn Kommunizieren heißt, anderen zu zeigen, wer ich bin, und gleichzeitig andere zu achten und zu erkennen.

Paul Watzlawick, einer der renommiertesten Kommunikationswissenschaftler des 20. Jahrhunderts, meinte: „Man kann nicht *nicht* kommunizieren." Er macht damit deutlich, dass man anderen Menschen immer etwas mitteilt, selbst wenn man nichts sagt. Findet man etwa zu einem Thema keine Worte, kommuniziert man anderen Menschen, dass man nichts darüber weiß, dazu nichts sagen möchte oder dass man an dem Thema nicht interessiert ist beziehungsweise dass es einem wertlos erscheint. Jede Reaktion kann also als Kommunikation betrachtet werden.

Dies lässt sich gut an folgendem Beispiel zeigen: Betrete ich einen Raum, in dem sich Menschen gerade in einer Unterhaltung befinden, und hören diese abrupt auf, miteinander zu sprechen, so bringe ich auch dieses Nicht-Reden mit mir in Verbindung. Es sagt etwas über mich aus, obwohl niemand mit mir redet. Alle reagieren in diesem Moment miteinander gleich und ich interpretiere das als Kommunikation mit mir. Ich glaube daher, dass die Gruppe von Menschen mir zeigt, dass sie nicht möchte, dass ich höre, was sie sagen. Ich zeige mich dabei vielleicht verunsichert, da ich nicht erwarte, dass Ruhe einkehrt, nur weil ich ein Zimmer betrete. Es kann aber auch sein, dass geschwiegen wird, weil ich erwarte, dass geschwiegen wird, sobald ich in den Raum komme. Dann kommuniziere ich das durch meine bloße Anwesenheit. Kommunikation ist großteils Interpretationssache.

Eine Beziehung mit jemandem einzugehen, vielleicht sogar zusammenzuleben, erfordert, dass man sich mit seinen Mitmenschen auskennt. Wenn ich weiß, was mich erwartet, existieren klare Vorstellungen darüber, wie ich mit anderen Menschen reden und umgehen soll. Dann weiß ich, ob ich so sein kann, wie ich bin, oder ob ich dem Kontakt ausweichen muss.

Doch was muss ich von meinem Gegenüber wirklich wissen? Muss ich dieselbe Sprache lernen oder Wissen anhäufen über den jeweils anderen? Genügt ein Blick, der ein Vorurteil verstärkt? Oder genügt es, zu wissen, wer man selbst ist und was man vom Leben erwartet? Um Spannungen zwischen zwei Menschen harmonisch zu gestalten, braucht man gar nicht so sehr an Kommunikationsprobleme zu denken, die beispielsweise durch verschiedene Kulturen entstehen können. Auch innerhalb einer

Zweierbeziehung machen wir uns durch Eifersucht, Neid, Gedankenlosigkeit oder Aggression das Leben schwer. Was müssen wir verstehen, um dem vertrauen zu können, was der andere uns übermittelt? Das kann von den Worten, die zu mir gesprochen werden, unabhängig sein.

Im Zusammenleben zwischen Mann und Frau zeigt sich, wohin es führen kann, wenn wir einander nicht verstehen. Das Vertrauen schwindet und der friedliche, respektvolle Umgang ist in Gefahr. Misstrauen entsteht und führt zu zunehmender Kontrolle. Das Verhältnis ist angespannt, so als gäbe es eine Schnur, eine Leine, die beide Partner verbindet und zunehmend unter Spannung steht.

Dieselbe Sprache zu sprechen und miteinander zu reden genügt nicht, auch wenn einem zahlreiche Ratgeber über Kommunikation weismachen wollen, dass mit der richtigen Wortwahl Missverständnisse vermieden werden können. Wir müssen beginnen, Kommunikation umfassender zu betrachten und auch nonverbale Signale, die unbewusst immer spürbar sind, bewusst zu beachten. Denn jemandem zu zeigen, wie man sich fühlt, ist mit Worten allein nicht zu bewältigen. Um dem Gegenüber vertrauen zu können, muss es als authentisch wahrgenommen werden. Wir müssen den anderen auch spüren, um uns darauf verlassen zu können, dass das Gesagte stimmt. Nur so können wir die Verbindung beziehungsweise Beziehung locker nehmen – wie bei einer Leine.

Zeige, was du kannst

Das Grundbedürfnis, gemocht zu werden, bringt ein weiteres Problem mit sich: Anderen zu zeigen, was ich brauche, bedeutet, etwas ausdrücken zu können – zu zeigen, wer man ist –, ohne es zu sein. Ich kann Sicherheit zeigen und doch innerlich unsicher sein. Liebe, Respekt, Toleranz, Offenheit: All das kann ich zeigen, ohne es tatsächlich zu empfinden. Vielleicht muss ich dem anderen etwas vorspielen. Das Problem geht insofern weiter, als man mit der Zeit Gefühle zeigt, ohne zu bemerken, dass die Gefühle selbst eigentlich fehlen. Man fragt sich dann: „Ich stehe doch sicher da und sage deutlich, was ich will, und trotzdem werde ich respektlos behandelt. Wie kann das sein?" Die Antwort auf die Frage ist einfach: Ich darf nicht nur sicher dastehen, ich muss es auch sein.

Der Psychologe Georg Fraberger ist seit sieben Jahren verheiratet, hat vier Kinder und sitzt im Rollstuhl. Sicher oder unsicher ist bei ihm also nicht davon abhängig, wie er dasteht oder welche Körperhaltung er einnimmt. Mit einem Körper zu kommunizieren, bei dem ein großer Teil von Körpersprache nicht funktioniert, bedeutet für ihn, mehr darauf achten zu müssen, was er wirklich fühlt. Ohne Arme und Beine den starken, hilfsbereiten Mann vorzutäuschen, wird rasch unglaubwürdig. Er musste selbstsicher werden, um dies auch zu zeigen. Selbstsicher sein kann man eben auch, ohne sicher dazustehen.

Kommunikation als Schlüssel zur Beziehung

Mit jemandem zu kommunizieren bedeutet stets auch, eine Beziehung mit diesem Menschen einzugehen. Kommunikation als Verbindung zeigt sowohl, wie es einem selbst geht, als auch, was man vom anderen hält. Es gibt Situationen, in denen man nur anhand der Reaktionen des Gegenübers erkennt, was man unabhängig vom Gesagten ausstrahlt. Die Verbindung mit dem anderen durch

Kommunikation wirkt also wie ein Spiegel, der einen erkennen lässt, wie andere das eigene Verhalten oder Gesagte interpretieren. Ohne Worte können Körperhaltung, Mimik und Gestik genauso machtvoll wirken wie ein intensives Gespräch. Mit jemandem zu kommunizieren bedeutet also mehr als Sprache und Verständnis.

Kommunikation bedeutet, Stimmungen zu teilen. Es geht um einen ständigen Austausch von Stimmungen und Gefühlen. Mit jemandem zu kommunizieren lässt noch offen, welche Art von Beziehung stets aufs Neue eingegangen wird. Wir teilen dem Gegenüber auch immer unbewusst mit, welche Beziehung wir vom anderen erwarten. Kommunikation ist somit ein Schlüssel, um entweder eine Arbeits-, Liebes-, Geschäfts- oder Freundschaftsbeziehung einzugehen. Wir signalisieren uns gegenseitig, für welche Art von Beziehung wir bereit sind. Worte, Mimik und Gestik können einander dabei widersprechen.

FALLBEISPIEL: Wie zeige ich, was ich will?

Herr B. kommt mit der Frage, weshalb er oft übergangen oder überrumpelt wird, zum Psychologen in die Praxis. Es ist dem Mann wichtig, höflich zu sein, aber er möchte gleichzeitig lernen, anderen Menschen zu zeigen, was er braucht. Er beschreibt seine Situation anhand eines Beispiels: Er und ein befreundeter Arbeitskollege gingen nach der Arbeit etwas trinken. Auf dem Weg in die Bar trafen sie einen Kollegen, den sie nicht mögen. Jener fragte aber, ob er mitgehen könne. Weder das Heben der Hände, das ein „Ich weiß nicht" signalisierte, noch das zögerliche „Ja" hielten den Mann davon ab, den beiden zu folgen. Offensichtlich erkannte der Dritte, der mitkommen wollte, die körpersprachlichen Signale nicht oder er wollte diese übersehen. In unserer Gesellschaft gilt es als unhöflich, Nein zu sagen, und so ging der unbeliebte Kollege mit.

In der psychologischen Beratung wurde rasch klar, dass Herr B. keine Ausrede erfinden oder lügen möchte, um jemanden loszuwerden. Er möchte dem anderen, mit dem er täglich arbeiten muss, aber auch keine Frechheit entgegenbringen. Es wurde daher versucht, einen Satz zu finden, mit dem er kommunizieren kann, gerne allein mit dem Kollegen in die Bar zu gehen. Mit den Worten „Ein anderes Mal bitte, denn wir sehen uns sonst immer nur mit Familie und Kindern und müssen heute etwas besprechen" konnte er ohne schlechtes Gewissen Nein sagen.

Die Bedeutung von Worten

Dieses Beispiel zeigt, wie vielfältig und kaum sichtbar Kommunikation zwischen zwei Menschen sein kann. Sprache an sich ist bereits ein Instrument von Kommunikation und damit missverständlich und problematisch. Sie gilt als wesentlich, wenn es darum geht, einander zu verstehen, wird aber unwichtig, wenn sich zwei Menschen wirklich verstehen und mögen. Dann genügen kleine Gesten, also Bewegungen, die dem anderen mitteilen, wie sehr man ihn mag.

Sprache gilt als verlängerte Bewegung. Worte sind somit Bewegungsarme, die dann wie Schnüre für Marionetten oder wie eine Leine für einen Hund wirken, wenn einer von zwei Gesprächspartnern nicht ausgesprochene Signale übersieht. Dann werden Worte zu Forderungen, wie zum Beispiel die Aufforderung: „Versteh mich doch!" Dieser Appell wirkt dann wie eine Leine zwischen zwei Menschen. Einer von den beiden behandelt den anderen wie einen Hund und erwartet, dass der Partner die

Bedürfnisse und Wünsche versteht und erfüllt. Das ist oft nicht böse gemeint.

Die Forderung nach Verständnis signalisiert allen Kommunikationspartnern, dass etwas in der Beziehung nicht in Ordnung ist. Je vehementer diese Forderung ausgesprochen wird, desto stärker ist das Signal, dass etwas in der Beziehung nicht passt. „Versteh mich doch!" oder „Wieso verstehst du mich nicht?" sagen Paare oft zueinander, die psychologischen Rat suchen. Doch hinter diesen Sätzen steckt viel mehr. Häufig lautet die versteckte Botschaft „Wieso tust du nicht, was ich verlange?", „Wieso nimmst du keine Rücksicht auf mich?" oder „Weshalb behandelst du mich so respektlos?"

Verständnis wird so eine Art Bindung, eine Art Seil oder Leine, die benutzt wird, damit der Partner beziehungsweise die Partnerin macht, was ich sage, und nicht, damit er oder sie mich versteht. Je geringer das Verständnis, desto kürzer die Leine und desto größer der Druck, der ausgeübt wird. Es entsteht der Eindruck, dass mich der andere durch lauteres Sprechen, durch Nachdruck, eventuell sogar durch Gewalt doch besser verstehen muss, weil ich ja noch deutlicher werde. Verstehen heißt also nicht, dem anderen zu antworten, sondern vor allem auch das zu tun, was gefordert wird. Fühlen wir uns unverstanden oder unsicher, so nehmen wir uns gegenseitig an die Leine – so wie einen Hund.

Genau hier zeigt sich auch in der Beziehung zwischen Mensch und Hund, was das Problem ist. Ein Hund, der mich nicht versteht, wird mich auch nicht durch eine kurze, enge Leine besser verstehen. Wenn ich ihn anschreie oder ihm sogar einen Stoß gebe, wird er nicht wissen, was ich will, sondern eingeschüchtert beziehungsweise unsicher reagieren. Darum müssen andere Strategien der Kommunikation gefunden werden.

FALLBEISPIEL: Kommunikation ohne Worte mit Schäferhund Rocco

Bei vielen Hundebesitzern wird die Leine eher als Druckmittel denn als Kommunikationshilfe verstanden und benutzt. Auch Hans hielt seinen Schäferhund Rocco gerne an der kurzen Leine, damit er den Hund gut unter Kontrolle hat. Hierfür brauchte er viel Kraft, denn er setzte wenig Vertrauen in das Verhalten des Hundes. So hatte er es aber in der Hundeschule gelernt und bereits an vier Schäferhunden praktiziert. Doch was heißt es eigentlich, wenn ein Hund an der Leine zieht?

Zieht der Hund an der Leine, hat er noch nicht gelernt, sich am „Leinenführer" zu orientieren beziehungsweise ist er zu sehr abgelenkt. Es gab bislang zu wenige Lernwiederholungen, damit sich der Hund auch bei Ablenkung anhaltend an der Geschwindigkeit und Richtung der Leine orientiert und auch einen Richtungswechsel macht, ohne ein eventuelles Kommando zu benötigen.

Trotz der langjährigen Erfahrung von Hans zeigte Rocco ein sehr aggressives Verhalten an der Leine, etwa bei Artgenossen. Er schnappte sogar teilweise nach seinem Besitzer, wenn dieser ihn maßregeln wollte. Hans musste also seinen Umgang mit dem Hund ändern.

Wie viel Kommunikationsfreiraum ein Hund bekommt, hängt vom bisherigen Training ab. Je folgsamer Rocco auch bei Ablenkung blieb, desto mehr Vertrauen konnte Hans ihm entgegenbringen. Das bedeutete letztendlich mehr Leinenfreiraum, also eine längere Leine, für den Hund.

Vor allem Hans musste durch aufbauendes Hundekommunikationstraining lernen, was er Rocco in unterschiedlichen Situationen deutlicher vermitteln kann. Damit kam es nicht mehr zu

Aggressionen an der Leine, denn Rocco lernte, wie er sich mit unterschiedlichem Freiraum bewegen beziehungsweise benehmen sollte – mit und ohne Leine. Dieses strukturiert aufgebaute Training mit klarer Kommunikation nimmt Rücksicht auf gelernte beziehungsweise bisher gefestigte Abläufe. Dadurch entstehen mehr Freiraum und Vertrauen.

Ob Hund oder Mensch, beide können Einfühlungsvermögen erwarten. Zu wissen, wie sich der andere fühlt, heißt aber noch nicht, ihn zu verstehen. Erst wenn ein Gefühl beachtet wird, kann ich erkennen, mit welcher Erwartung das Gefühl verbunden ist.

Authentisch kommunizieren

Viele Menschen lernen nicht, darauf zu achten, ob ihnen das, was gesagt wird, auch gefühlsmäßig entgegengebracht wird. Erst wenn das, was man spricht, und das Gefühl, das man hierbei hat, gleich sind, spricht man davon, authentisch zu sein. Wir leben in einer leistungsorientierten Gesellschaft und lernen durch Hartnäckigkeit und Zähigkeit, Ziele zu erreichen. Wer viel arbeitet, kann viel erreichen. Auch der Wunsch nach einer Beziehung kann dazu führen, dass man bei jenem Menschen, mit dem man eine Liebesbeziehung eingehen möchte, hartnäckig bleibt. Das bedeutet, dass man immer wieder betont und zeigt, wie sehr man sich wünscht, eine romantische Beziehung mit dieser Person einzugehen.

Diese Hartnäckigkeit anderen Menschen gegenüber kann dazu führen, dass aus dem kommunikativen Austausch von Stimmung und Wissen ein einseitiges Darstellen von Bedürfnissen und Zielen wird. Wörter, Mimik und Gesten werden nur mehr diesem Beziehungsziel unterworfen. Man stellt sich so dar, dass man sicher sein kann, dass der andere nicht Nein sagt. Das bedeutet, dass man sich entweder als liebenswert darstellt oder als zutiefst traurig und enttäuscht bis hin zu desperat. Sobald Kommunikation ein Ziel hat, tritt das Bedürfnis, authentisch zu wirken, in den Hintergrund. Worte und Körperhaltung werden dem Ziel unterworfen. Möchte etwa ein Mann einer Frau, von der er glaubt, sie liebt witzige Männer, imponieren, indem er ihr vorspielt, wie witzig er ist, so wird er seine ernste Seite vor ihr verbergen. Er wird, wenn sie bei jedem Witz lacht, den ganzen Tag Witze erzählen, auch wenn ihm nicht danach ist.

Ein Hund hingegen merkt, ob man ihm etwas vorspielt. Ihm kann man nichts vormachen, er spürt ganz genau, ob eine Haltung oder ein Tonfall echt ist.

Was erkennst du?

Wir lernen, mithilfe von Kommunikation das zu bekommen, was wir wollen. Sprechen lerne ich, um zu sagen, was ich will. Wir lernen, wie wir uns ausdrücken müssen, wie wir uns bewegen sollen, wie wir auf andere Menschen eingehen sollen, wie wir Mitgefühl entwickeln können. Wir lernen nicht, wie wir uns verhalten sollen, wenn wir nicht verstanden werden. Nicht verstanden zu werden heißt für viele Menschen, nicht erkannt zu werden als der, der man ist. Oder vielleicht sogar erkannt zu werden als der, der man eben nicht sein möchte. Es folgt Aggression oder Rückzug. Beides verhindert eine Auseinandersetzung mit sich selbst. Wir kommen gar nicht erst auf die Idee, dem anderen mitzuteilen, was man erkennt. Der Umstand, dass der andere etwas erkennt, das man gar nicht zeigen möchte, ist ein schmerzlicher Prozess, mit dem man lernen muss umzugehen. Oft sind es somit andere Menschen, die einem zeigen, dass man nicht ausstrahlt, was man sagt. Mit jemandem zu kommunizieren kann auch bedeuten, nicht verstanden zu werden, weil man nicht authentisch ist. Mithilfe von Sprache, so glauben wir, kommt automatisch auch Klarheit darüber, was wir wollen. Doch klar und schön zu sprechen heißt nicht automatisch, zu wissen, was man will und das auch vermitteln zu können.

Du bist schuld

Wenn wir unsere Partner fragen, wieso sie uns nicht verstehen, geben wir das Kommunikationsproblem ab. Beim Hund stellt sich diese Frage nicht, da er unsere Sprache nicht spricht. Sobald der Eindruck entsteht, dass der Hund seinen Besitzer nicht versteht, sollte dieser über sein Verhalten und seine bisherige Hundeerziehung nachdenken. Es wird deutlich, dass der Besitzer selbst etwas lernen und sein Verhalten anpassen muss. Aussagen wie „Drücke ich mich unklar aus?", „Willst du mich nicht verstehen?" oder „Soll ich mich wiederholen?" werden in der Hund-Mensch-Beziehung die Verständlichkeit nicht erhöhen.

An der Beziehung zwischen Mensch und Hund werden Kommunikationsprobleme also besonders rasch sichtbar. In der Kommunikation mit dem Hund macht man sich Gedanken darüber, wie man sich selbst verständlich machen kann. Ein liebevolles, klares Wort nützt da nichts. Der Hund will erkennen, was ich möchte, er will nicht zuhören. Denn für ihn ist Sprache keine verlängerte Bewegung, er benötigt zunächst Bewegungssignale direkt. Er lernt durch die Verknüpfung mit Sprache, welche Bewegung oder Kontrolle ich von ihm erwarte. Ein Hund zeigt ganz klar, was er möchte, ohne Worte. Und er ist nicht beleidigt oder gekränkt, wenn ich ihm nicht gebe, was er verlangt. Diese Art von Kommunikation ist so praktisch, dass es sich lohnt, diese Kommunikationsmechanismen auch bei Beziehungen bei uns Menschen zu berücksichtigen. Dahinter soll aber nicht die Absicht stecken, dass der Partner in der Beziehung lernt, sich wie ein Hund zu benehmen. Er soll vielmehr Klarheit darüber gewinnen, wie und was ihm kommuniziert wird.

Kommunikation als Schlüssel zum Erfolg?

Erfolgreich zu kommunizieren bedeutet, mit jemandem eine Beziehung einzugehen, in der man sich gegenseitig so lassen kann, wie man ist. Im Idealfall herrscht Harmonie zwischen zwei Menschen in dem Sinne, dass man so erkannt wird, wie man sich selbst sieht, oder zumindest nicht ausgenutzt und übersehen wird. Der große Fehler, der bei Kommunikation oft gemacht wird, ist der, dass Erfolg mit dem Erreichen seines persönlichen Ziels gleichgesetzt wird. Zwischenmenschlich erfolgreich zu kommunizieren bedeutet aber, dass *beide* ihre persönlichen Ziele erreichen. In einer Ehe soll man beispielsweise als gleichwertiger Ehepartner erkannt werden und nicht nur als einer, der alle anderen versorgt. Selbst bei einem Bewerbungsgespräch, bei dem viele Menschen glauben, in eine Rolle schlüpfen zu müssen, um einen guten Eindruck zu hinterlassen, um eine Führungsposition einnehmen zu können, ist es wichtig, auf Körperhaltung, Auftreten, Sprache und Stil zu achten, die einem selbst entsprechen. Auch hier liegt der Erfolg darin, authentisch zu kommunizieren. Das heißt, dem Gegenüber so entgegenzutreten, wie man ist – mit der Körperhaltung, die der eigenen Stimmung entspricht.

Berücksichtigt man, dass Kommunizieren bedeutet, sich gegenseitig etwas von sich zu zeigen und vom anderen etwas zu erkennen, so wird deutlich, dass Körpersprache oder Worte allein nicht genügen, um erfolgreich zu sein. Es muss ein Austausch erfolgen zwischen dem, der sich präsentieren oder behaupten muss, und dem, der etwas erwartet. Dieser Austausch von Informationen über sich erfolgt unbewusst und betrifft alles, was eine Person ausmacht: Haarfarbe, Alter, Blick, ein SMS oder eine E-Mail etc. Alles, was erkannt werden kann, trägt dazu bei, dass der Prozess der Kommunikation erfolgreich ist. Wir geben Stimmungen zu erkennen: ob es jemand eilig hat, ob es ihm gut geht, ob er Angst hat. Das Ziel und die zeitliche Komponente dieser Kommunikation müssen nicht deklariert werden. Besonders das Verschicken von E-Mails verdeutlicht, dass ein Gefühl erst dann entstehen kann, wenn die Mitteilung gelesen wird. Der Sender einer E-Mail kann sich dann bereits in einer vollkommen anderen Stimmung befinden. Auch das Ziel von Kommunikation kann frei interpretiert werden. Das bedeutet, wenn sich eine Frau beispielsweise in ihrer Ehe wünscht, respektiert und geachtet zu werden, so lässt sie ihrem Mann freie Wahl, wie er ihr das vermittelt: durch einen Strauß Blumen, durch seine Bereitschaft, zu Hause mitzuarbeiten etc.

Der Einfluss von Stimmungen

In der Situation eines Bewerbungsgespräches ist klar, dass der Gesamteindruck entscheidet. Das bedeutet, dass man dem Gegenüber zeigt, welche Entwicklungsmöglichkeiten vorhanden sind, welches Potenzial eine Beziehung in sich birgt, also Dinge, die möglich sind, werden übermittelt. Hierfür genügt es auch, eine Idee von etwas zu haben, Vorstellungen davon, welche Ziele angestrebt werden können. Erfolgreich zu kommunizieren bedeutet, mit einem Menschen in Verbindung zu treten, der einem vermittelt, dass Entwicklung möglich ist. Und das Gegenüber traut dieser Person diese Entwicklung tatsächlich zu. Der Erfolg liegt somit darin, jemanden zu finden, der die eigene Entwicklungsfähigkeit erkennt und zulässt.

In der Kommunikation ist die Stimmung zwischen Menschen für den Erfolg oder Misserfolg von Kommunikation wesentlich. Interessanterweise wird Harmonie zwischen zwei Menschen nicht als Spannung erlebt – nur von außen ist diese als Spannung zu spüren. Wenn etwa ein Mann und eine Frau, die ineinander verliebt sind, händchenhaltend am Strand spazieren, haben diese nicht den Eindruck, dass Spannung herrscht. Für Außenstehende allerdings wird diese Spannung deutlich, für einen eifersüchtigen Ehemann beispielsweise ist diese positive Spannung kaum zu ertragen. Spannung zeigt nur eine intensive Bindung zwischen den Menschen an und nicht, ob diese positiv oder negativ ist. Die persönliche Bewertung der Spannung bestimmt, wie diese wahrgenommen wird. Das bedeutet nicht, dass man diese Person mögen oder gut kennen muss, sondern ausschließlich das Gefühl gegenüber dieser Person. Die Bewertung der Gefühle bestimmt, inwieweit diese Verbindung ertragen wird.

Von Misserfolg in der Kommunikation ist dann die Rede, wenn die Stimmung, die jemand ausstrahlt, nicht ausgehalten wird. Aus einer Verbindung zwischen Menschen kann ein stark empfundener Druck entstehen, sodass wir uns wie an der Leine gehalten fühlen. Diese Verbindung mag oft durch Worte entstehen, ist aber durch Gefühle geprägt. Je intensiver das Gefühl ist, das mit einer Person in Verbindung gebracht wird, desto stärker ist die Spannung dieser unsichtbaren Verbindung oder Leine.

Strahlt ein Arbeitnehmer bei einem Bewerbungsgespräch aus, dass er sehr motiviert ist, zu arbeiten und viel zu leisten, so herrscht Harmonie zwischen dem Arbeitgeber und ihm. Diese ausgestrahlte positive Stimmung kann jedoch bei anderen Arbeitnehmern auf Widerstand stoßen. Erfolgreich zu kommunizieren bedeutet somit auch, darauf zu achten, wie diese Stimmung in einem anderen Kontext erlebt werden kann, um darauf eingehen zu können.

Zeitlose Kommunikation

Jede Generation beziehungsweise Altersgruppe verwendet andere Worte und Symbole, um miteinander in Verbindung zu treten. Um jemandem zu zeigen, wer ich bin, muss ich jedoch stets eine Beziehung eingehen. Modern zu kommunizieren bedeutet vielleicht, neue Worte einzusetzen, neue Zeichen, neue Medien zu nutzen, die Grundlagen sind aber stets dieselben. Es ist also wichtig, herauszufinden, wie diese grundlegenden Elemente transportiert und befriedigt werden. Heutzutage funktioniert Kommunikation mittels Computer oder Handy. Wir zeigen also unsere Gefühle mithilfe von Icons, Smileys, Abkürzungen wie „lg", „lol" und Ähnliches. Wie der Körper oder gar die Seele reagiert, können wir hierdurch verbergen. Die Gefahr ist hierbei: Zeige ich nur etwas oder lebe ich es auch?

Die körperliche Distanz, die eine Handy-Kommunikation mit sich bringt, birgt die Gefahr, dass ich nicht nur den anderen Menschen wenig spüre, sondern auch mich selbst viel weniger wahrnehme, denn gedanklich bin ich im Handy. Ich achte also nicht mehr auf meine Körperhaltung und andere körperliche Reaktionen. Wir wissen oft nicht mehr, wie wir mit echten Gefühlen, die wir nicht durch Abkürzungen zeigen können, umgehen sollen, wie zum Beispiel Liebeskummer, Sorge um Kinder, Mitgefühl beziehungsweise Empathie, Ungeduld, Liebe. Alles, was man fühlt, muss verbalisiert werden. Was nicht verbalisiert wird, wird durch das Handy aber nicht vermittelt. Begegne ich einem Menschen in Wirklichkeit, kann viel mehr gezeigt werden, als über das Handy gesagt werden kann. Wir müssen also lernen, auch das zu beachten, was nicht geschrieben oder gesprochen werden kann. Denn auch das zeigen wir den anderen. Wir werden uns jedoch nicht mehr bewusst, was wir alles zeigen. Das kann vielleicht zu Unsicherheit führen und uns von der Kommunikation mit dem Handy oder Computer abhängig machen. Hier lässt sich kontrollieren, was man sagt, und letzten Endes, was man fühlt.

Beziehungen gehen einen Schritt weiter, sie erlauben Entwicklung. Diese ist notwendig, wenn es darum geht, zu werden, der ich bin. Jeder Mensch unterliegt der Tatsache, dass er einen alternden Körper hat und dass die Umwelt darauf reagiert. Unterlasse ich also die Entwicklung der Persönlichkeit beziehungsweise Identität, ändern sich die Reaktionen auf die körperliche Identität. Schaffe ich mir eine Identität unabhängig von meinem Körper, so bin ich auch in einem alten Körper derselbe Mensch. Moderne Kommunikation muss auch heutzutage immer die Identität des ganzen Menschen berücksichtigen. Dies kann heute jedoch vermieden werden. Die Schönheitschirurgie und die Mode leben davon, rein körperlich/materialistisch zu kommunizieren. Das Internet lebt von Wörtern und Zeichen, die symbolisch für etwas stehen, ohne den Körper mit einzuschließen.

Mit einem Hund modern zu kommunizieren beschäftigt sich lediglich mit der Frage: „Wie gestalte ich die Beziehung erfolgreich?" Mensch und Hund sind jedoch immer ganz dabei. Das ist der Vorteil an dieser Form der Beziehung. Man kann sich in der Beziehung zu einem Tier nicht auf Wörter oder Bilder, Smileys oder E-Mails beschränken.

Kommunikationsmodelle

Als Kind ist die erste Beziehung vorgegeben. Die Beziehung zu Mutter und Vater ist durch strenge Regeln und Abhängigkeit gekennzeichnet. Die Art, wie sich diese Beziehung gestaltet, hängt von Kommunikation ab. Das Wesentliche an der Bindung zwischen Eltern und Kind wird im Kommunikationsprozess zwar deutlich, es bleibt jedoch auch dann bestehen, wenn die Kommunikation vorbei ist, wenn etwa der Vater oder die Mutter stirbt. Durch Kommunikation lernt ein Kind zunächst, auf sich selbst aufmerksam zu machen. Ob es verstanden wird, hängt größtenteils von der Liebe der Eltern ab. Beziehung und Kommunikation sind daher für den Rest unseres Lebens miteinander verknüpft.

Diese Abhängigkeit von der Liebe der Eltern ändert sich jedoch im Laufe des Lebens. In der Pubertät beginnen wir uns aus der Abhängigkeit von den Eltern zu befreien, viele, indem sie rebellieren. In der Beziehung zu den Eltern beziehungsweise zur Familie lernen wir zu kommunizieren. Die Art, wie wir behandelt wurden, dient zur Orientierung. Sie bestimmt, was wir anderen von uns mitteilen beziehungsweise kommunizieren. Eine Beziehung einzugehen bedeutet immer, sowohl „Sender" als auch „Empfänger" zu sein.

Modelle im Überblick

In der Geschichte der Kommunikation begegnet man mehreren Theorien, auf die immer auch Bezug genommen wird, um Beziehungen besser zu gestalten. Die wichtigsten seien hier kurz erläutert.

1. Paul Watzlawick hat ein Kommunikationsmodell anhand von Sender und Empfänger entwickelt. Er postuliert, dass 93 Prozent von Kommunikation nonverbal seien. Nur sieben Prozent beinhalten das gesprochene Wort.

2. Die Transaktionsanalyse von Eric Berne (1969) strukturiert ein Gespräch anhand der unterschiedlichen Gedächtnisinhalte, die Freud postulierte. So sprechen wir gegenseitig entweder unser Über-Ich (als Eltern-Ich), unser Ich (als bewusstes Ich) und unser Unbewusstein Es (als Kinder-Ich) an. Unsere Reaktion fällt abhängig davon aus, welche Ebene angesprochen wird. Freie, agierende Kommunikation ist anhand dieses Kommunikationsmodells nur auf der Ich-Ebene möglich. Ein Ansprechen auf der Eltern-Ich-Ebene würden wir als bevormundend empfinden, auf der Kinder-Ebene als schuldhaft-fordernd.

3. Mit dem Modell der gewaltfreien Kommunikation (1973) zeigt Marshall Rosenberg, wie man in vier Schritten seinem Gegenüber begegnen kann, ohne dass durch Widerstand Aggression entsteht. Als Grundvoraussetzung gilt Empathie. Erstens: Beobachten, nicht bewerten. Zweitens: Gefühl im Körper wahrnehmen, nicht direkt äußern. Drittens: Bedürfnis entwickeln. Viertens: Eine Bitte formulieren. Problematisch erscheint die Tatsache, dass nichts unbewertet formuliert werden kann. Ein Wert ist wie eine Farbe. Es gibt keinen farblosen Gegenstand, vielleicht einen durchsichtigen. Und es gibt Werte nicht ohne Aktionen oder Gegenstände, so wie es Farben nicht ohne Farbträger gibt. Ein Rot braucht stets eine Wand, eine Hose oder ein Auto, um zum Vorschein zu kommen.

4. Eines der bekanntesten Kommunikationsmodelle im deutschsprachigen Raum stammt von Friedemann Schulz

von Thun, das „Vier-Ohren-Modell". Hier wird postuliert, dass eine Botschaft vier Aspekte beinhaltet: Appell (Was soll getan werden?), Selbstoffenbarung (Was sage ich von mir?), Sache (Worum geht es?) und Beziehung (Was halte ich von dir?). An einem anschaulichen Beispiel werden alle Aspekte deutlich: Ein Mann und eine Frau sitzen im Auto, sie fährt und der Mann sagt zu ihr: „Schatz, da vorne ist grün." Anschließend wird diskutiert, wie diese Botschaft verstanden werden kann. Als plakative Interpretation des Gesagten kann der Appell-Aspekt gedeutet werden als: „Fahr schneller." Der Beziehungs-Aspekt kann gedeutet werden als: „Ich kann so gut fahren, dass ich dir sagen kann, wie's geht." Die sachliche Interpretation kann lauten: „Grün ist grün." Und der Aspekt der Selbstoffenbarung kann bedeuten: „Ich fahre besser als du."

Die grundlegende Frage, die den Psychologen Fraberger zur Weiterentwicklung dieser Modelle geführt hat, war: Wieso führen Wissen und Verständnis nicht automatisch zu Respekt und Rücksicht? Zu wissen, wie es jemandem geht, heißt noch nicht, ihn zu verstehen, und auch nicht, auf seine Bedürfnisse Rücksicht zu nehmen. In der Beziehung zu einem Hund steht das Ziel der Rücksichtnahme beziehungsweise Folgsamkeit im Vordergrund. Hierfür muss der Hund wissen, was ich von ihm möchte. Er muss mich verstehen. Wissen und Verstehen führen also in der Hundebeziehung zu Folgsamkeit. Es ist klar, dass der Hund keine Wahl hat wie wir Menschen. Er verfügt nicht über die Freiheit, angeordnete Befehle oder Wünsche falsch zu interpretieren. Damit wird ein nicht ausgeführter Befehl als Tatsache gewertet, dass er nicht versteht, und nicht als Frechheit.

Fraberger'sches Kommunikationsmodell

Dem Partner zu zeigen, dass man ihn versteht, ohne zu wissen, wer man ist, was man kann und was man will, kann sehr schnell zu einer angespannten Stimmung führen. Diese drei Punkte kann jeder nur mit sich selbst klären. Findet man Klarheit darüber, fließt diese automatisch in die Kommunikation mit ein. Erfolgreiche, harmonische Kommunikation bedarf nicht vieler Worte. Es sind die Werte, Hoffnungen und Erwartungen, die jede Kommunikation begleiten.

Das Fraberger'sche Modell geht davon aus, dass eine Botschaft vier Aspekte hat, die in vier verschiedenen Phasen übermittelt werden. Der emotionale Aspekt wird zuerst übermittelt und ist jener, auf den gegenseitig reagiert wird. Die übrigen drei werden in der Kommunikation häufig nicht einmal beachtet.

Kommunikation: 4 Elemente von Botschaften

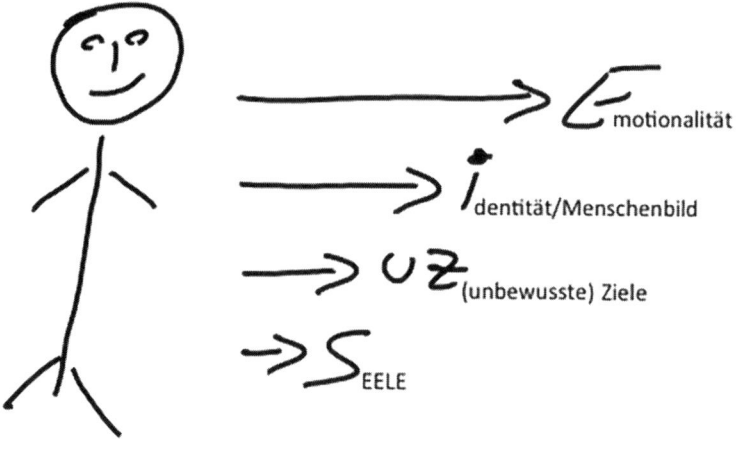

1. Emotionalität: Jeder Mensch wird zum Sender. Jedes Wort, jeder Blick, jede SMS und jede E-Mail wird zur Botschaft und löst eine Spannung im Empfänger aus. Der Empfänger spürt die Spannung, die in ihm zu einem Gefühl wird. Er kennt die Art des Gefühls des Senders nicht, er fühlt nur, ob eine Botschaft locker und harmonisch oder spannungsgeladen übermittelt wird. Der Grund für die Spannung sowie die Art der Spannung (ob zum Beispiel Spannung aus Freude oder Unzufriedenheit herrscht) werden nicht übermittelt, diese kennt nur der Sender. Das bedeutet, der Sender übermittelt anhand des Grads der Spannung auch die Wichtigkeit und Dringlichkeit.

Beispiel: Zwei Menschen befinden sich in einem Raum, einer fragt mit gepresster Stimme und deutlicher Anspannung: „Wissen Sie, wo die Toilette ist?" In dieser Situation wird die Emotionalität als Drang des Körpers interpretiert. Sagt dieser Mensch hingegen mit gepresster Stimme und deutlicher Anspannung: „Ich muss hier raus!", kann diese Emotionalität nicht klar zugeordnet werden.

2. Identität und Menschenbild: Ich zeige anderen, was ich von mir halte, indem ich etwa auf mein Wissen hinweise, auf körperliche Aspekte wie meine Muskeln, auf meine Wünsche oder auch, indem ich anderen Menschen zeige, wie toll oder dumm ich diese finde. Indem man sich selbst zeigt, vermittelt man also auch gleichzeitig, welches Bild man von anderen Menschen hat, und das bestimmt wiederum, wie man mit Menschen umgeht. Da in diesem Buch davon ausgegangen wird, dass Wissen und Identität eine Einheit bilden, fallen unter die Begriffe Identität und Menschenbild auch die Persönlichkeitseigenschaften sowie die kognitiven Leistungsfähigkeiten.

3. Unbewusste Ziele als dritte Phase einer Botschaft: Jede Botschaft kann auch interpretiert werden als Ziel oder Wunsch vom Empfänger. Hinter dem ausgesprochenen Wunsch kann auch eine unausgesprochene Botschaft stecken. Diese muss dem Sender auch gar nicht bewusst sein. Beispielsweise fragt ein Mann eine Frau, ob sie mit ihm eine Tasse Kaffee trinken gehen wolle. Das Ziel, das dahintersteht, ist aber nicht der Genuss des Kaffees, sondern das Kennenlernen der Frau. Wenn man sich somit in einen Menschen verliebt und unsicher ist, ob dieser die Liebe erwidern wird, kann es sein, dass man sich nicht traut, ihm seine Verliebtheit zu zeigen. Man tut dann so, als teile man dieselben Interessen. Die unbewusste Botschaft schwingt immer mit.

4. Die Seele: Als vierte und letzte Information beziehungsweise Phase zeigt man dem Gegenüber etwas von seinem Innersten, von seinem Wesen, davon, was einen ausmacht. Es ist die Seele, die den Körper und den Verstand einsetzt, um als „Ich" erkannt zu werden. Durch unser Tun entwickeln wir uns und wollen diesen Zustand anderen mitteilen. In diesem Prozess des Erkennens und Mitteilens, der in der Liebe, besonders bei der Sexualität, seinen Höhepunkt findet, wird also ein Sinn gesehen. Danach streben wir. Die Seele braucht Möglichkeiten, erkannt zu werden. Im Prozess der Kommunikation kann sie einen Ausdruck finden, sie muss hierfür jedoch erkannt und dem Sender bestätigt werden.

Aus diesem Vier-Phasen-Modell ist ableitbar, dass in zwischenmenschlichen Beziehungen keine Sachlichkeit existiert, sondern Emotionalität vorherrscht. Selbst in der Mathematik, wo feste Regeln und Normen gelten, erfolgt die Übermittlung des Wissens durch Menschen und erhält somit stets einen Beziehungsaspekt.

Wenn jemand zu kommunizieren beginnt, werden immer zuerst Gefühle übertragen. Dann sehen wir, wie sich der Mensch darstellt. Anschließend erst kommen wir auf die Idee, unbewusste Botschaften zu erkennen, und erst in letzter Instanz erkennen wir, was einen Menschen tatsächlich ausmacht. Sobald wir uns auf das Seelische im Menschen konzentrieren, können wir beginnen, diesen zu mögen und mit beinahe allen Verhaltensweisen verständnisvoll umzugehen. Dieses Kommunikationsmodell hat die Aufgabe, Spannungen in Beziehungen aufzulösen, indem wir lernen, uns darauf zu konzentrieren, was den anderen ausmacht. Aus Wünschen, die Spannungen bereiten und die wir als Druck erleben, soll Vertrauen werden. Dies gelingt dadurch, indem wir erkennen, dass nur vordergründig ein Gefühl übermittelt wird. Wir müssen lernen, einen Wunsch Wunsch sein zu lassen, Aggression Aggression sein zu lassen usw. Nur so kann auf die Identität, das Ziel und auf die Seele des Menschen eingegangen werden. Das Modell zielt darauf ab, dass Streits in Partnerschaften in Diskussionen umgewandelt werden können. Dies kann nur geschehen, wenn seelische Elemente im Spiel sind.

FALLBEISPIEL: Keine Gefühle in der Arbeit

Eine junge Juristin kommt verzweifelt zum Psychologen. Die fehlende fachliche Unterstützung ihres Vorgesetzten bereite ihr großen Stress, sagt sie. Unter Tränen berichtet sie, wie viel Wissen sie sich anlesen müsse und was ihr Chef von ihr erwarte. Den Einwand, Gefühle spielten in dieser Beziehung eine wesentliche Rolle, lässt sie nicht gelten. „Gefühle gibt es hier keine", kontert sie.

Bei der Betrachtung ihrer Kommunikation aus psychologischer Sicht steht recht schnell fest: Es interessiert ihren Vorgesetzten nicht, ob sie gut oder schlecht arbeitet, langsam oder schnell. Im Gegenteil: Kollegen, die viel Kaffee trinken und im Internet surfen, kommen gut mit ihm aus. Er signalisiert ihr also nicht Unzufriedenheit auf sachlicher Ebene, sondern schlicht eine negative Haltung. Diese zeigt sich durch Aussagen wie „Machen Sie, wie ich gesagt habe" oder „Urlaub ist im Sommer leider nicht möglich".

Auf einer Wissensebene, auf der sich zwei Menschen in einer beruflichen Beziehung begegnen, treffen sich diese zwei Menschen nicht. Er zeigt nichts von sich. Es ist deswegen auch nicht zu erwarten, dass sich eine gelungene Kommunikation entwickeln wird. Das Bedürfnis nach Verständnis kann von jenem Vorgesetzten nicht erfüllt werden. Somit muss man sich auch nicht von ihm persönlich enttäuschen oder treffen lassen. Außer wir konzentrieren uns darauf, welche Botschaften diese junge Juristin ihrem Vorgesetzten entgegenbringt. Womit konfrontiert sie ihn? Durch eine auf Schüchternheit hindeutende Körperhaltung mit zarter Stimme, als eine nach Wissen strebende Persönlichkeit, die bereit ist, viel für den Wissenserwerb zu tun. Außerdem möchte sie ihre Anstellung auf keinen Fall verlieren. Und genau das strahlt sie aus. Diese Abhängigkeit und dieses wissenshungrige, offen-neugierige Verhalten wirken anscheinend für ihren Chef wie eine Einladung zur Beleidigung und Demütigung. Denn emotional strahlt sie aus: Ich weiß noch nicht genug. Sie macht sich also klein. Und er, im Gegenzug, sie.

Somit wird deutlich, wie Wissen mit Identität verbunden ist. Jeder, der sich Wissen selbst aneignet beziehungsweise etwas erkennt, stellt Regeln und Formeln auf, die er anderen übermittelt. Oft erhalten diese Regeln oder neuen Erkenntnisse den eigenen Familiennamen. Identität und Wissen werden eins. Dies ist auch in Sach- und Fachbüchern zu finden, die eigentlich nur nüchternes Wissen vermitteln. Selbst im wirtschaftlichen Bereich treffen wir auf Persönlichkeiten als Namensgeber, wie zum Beispiel bei der Kaenes-Theorie, der Raiffeisen-Bank oder Lehman Brothers, Goldman Sachs etc.

Die Tatsache, dass Wissen und Identität so nah beieinander liegen, ist im Prozess der Kommunikation sehr einflussreich. Jener, der viel weiß, kann hierdurch dominieren. Umso wichtiger ist es für diesen Menschen, zu beachten, dass immer gefühlsmäßige Aspekte gezeigt werden und nicht ein sachliches Wissen. Fühlt sich also der wirklich wissende und gescheite Mensch deswegen sehr wertvoll, vermittelt er den anderen das Gefühl, selbst sehr wertvoll zu sein. Dies kann als Stolz oder Überheblichkeit ausgelegt werden. Sich als Nicht-Wissender zu fühlen bedeutet, Minderwertigkeit zu kommunizieren. Alles beeinflusst das, was wir als Erstes ausstrahlen.

Das Modell im Alltag

Die vier grundlegenden Aspekte von Kommunikation sind somit für jede Art von Beziehung gleich. Jeder überträgt immer zuerst einen emotionalen Aspekt, unabhängig davon, ob er sich in einer Arbeits-, Liebes- oder familiären Beziehung befindet. Wird dieser Aspekt berücksichtigt, kann man sich mehr auf das konzentrieren, worum es geht, denn man lässt sich nicht von den Gefühlen ablenken. Man kann sich sofort darauf konzentrieren, welche inhaltlichen Forderungen das Gegenüber einem bietet.

Um das zu erfassen, was als Erstes gespürt wird, um also einen emotionalen Aspekt hineinzubringen, wird die Emotionalität als das erste Signal der Übertragung an das Gegenüber postuliert. Der Mensch funktioniert so, dass er Signale, die er mag, ohne Widerstand akzeptieren kann und zuhört. Signale, die er nicht mag, stoßen auf Widerstand und er hört nicht zu. Diese Signale werden in körperlicher Form empfangen. Freud nannte jene Signalübertragung die Prozesse der Übertragung, Projektion und Gegenübertragung. In diesem Buch wird die Unterscheidung getroffen zwischen angenehmen und unangenehmen Signalen. Alles, was dem Sender Akzeptanz entgegenbringt, ist für diesen angenehm, alles, was diesen schlechtmacht, verursacht Spannung und inneren Stress. Akzeptiert werden muss nicht nur der sachliche Inhalt einer Botschaft, sondern vor allem die Person des Senders selbst. Um den Inhalt und die Sachlichkeit kann man anschließend streiten.

Das bedeutet: Wenn sich der Sender schämt oder unsicher ist, spürt man zuerst diese Scham und Unsicherheit. Schon hört man nicht mehr zu, denn gegen diese Gefühle wehrt man sich. Man achtet gar nicht darauf, was in einer Botschaft noch alles mitgesendet wird. Man spürt den Druck und je nach eigenem Selbstwert akzeptiert man oder wehrt man sich. Die Emotionalität gibt aber doch etwas vom Sender preis. Sie deutet darauf hin, ob der Sender im Vergleich zum Empfänger einen hohen oder niedrigen Selbstwert hat. Falls dieser niedrig ist und er sich nicht akzeptiert, wie er ist, identifiziert man sich auch nicht gern mit ihm. Mag der Empfänger den Sender, hört er ihm zu, fühlt sich aber nicht wohl – ohne zu wissen, warum. Es entsteht eine Spannung in dieser Beziehung, die in Harmonie umgewandelt werden muss.

Bei der Frage nach dem Streben nach Harmonie zeigt der Vergleich mit der Beziehung zu Hunden Folgendes: Bei einem Hund muss man im richtigen Moment loben. Ansonsten wird er eventuell bei unangenehmen Signalen bellen und bei angenehmen Signalen hochspringen. Ein Hund versteht nur die Mimik, Gestik und Bewegung im jeweiligen Moment. Wenn ein Hund auf den

Befehl „Sitz!" nicht reagiert, neigt der Mensch dazu, den Befehl einfach zu wiederholen. Was der Hund aber wirklich lernen soll, ist, anhand von Körpersprache zu erkennen, was man von ihm möchte. Dann wird Hinsetzen mit dem Wort „Sitz" dauerhaft verknüpft. Deswegen können wir aus der Kommunikation mit Hunden lernen, unmittelbar zu sehen, was wir anderen mitteilen. Kommunikation zwischen Menschen heißt, Gefühle weiterzugeben und abzunehmen. Wir erwarten, dass der Partner auf Gefühle und Stimmungen eingeht, und zwar exakt auf diese Gefühle, und dass er so reagiert, dass wieder Ausgeglichenheit entstehen kann. Ein Hund reagiert nicht auf die Stimmung des „Partners", er freut sich immer, wenn ich nach Hause komme – selbst wenn ich schlechte Laune habe. Er bleibt stimmungsmäßig ganz bei sich. Wenn er spürt, was ich von ihm will, kann er darauf reagieren. Spürt er, dass ich ängstlich bin, nimmt er mir nicht die Angst ab, aber er freut sich trotzdem, mich zu sehen. Ein Mensch hingegen spürt die Angst und reagiert darauf.

Unsichtbare Aspekte von Kommunikation

Die bisher gängigsten und kurz dargestellten Kommunikationsmodelle konzentrieren sich darauf, wie wir miteinander reden. Alle Modelle beziehen sich jedoch auf Beziehungen. Betrachtet man Modelle über Beziehungsstrukturen, ist der physische Aspekt stets mit eingeschlossen, was bei Kommunikationsmodellen nicht der Fall ist. Die Beziehungsmodelle beziehen sowohl emotionale Aspekte als auch generell körperliche Eigenschaften mit ein, beispielsweise die Körperhaltung oder das Alter, wenn es um das Machtgefüge in Beziehungen geht.

FALLBEISPIEL: Entstehung von Machtgefügen

Die Familienmodelle haben sich in den letzten Jahrzehnten stark verändert, was auch mit einer Veränderung der Machtverhältnisse innerhalb der Familien einherging. Früher kam es oft vor, dass in einem Haushalt vier Generationen gemeinsam lebten. Wenn dann beispielsweise das dreijährige Kind ein großes Messer in die Hand nahm und der Urgroßvater das beobachtete, wandte er sich zuerst an seine Frau, die Urgroßmutter. Sie solle doch etwas unternehmen, damit das Kind nicht zu Schaden komme. Die Urgroßmutter des Kindes wandte sich an ihre Tochter, die Großmutter des Jungen, und diese wiederum an die Mutter des Kindes. Erst die Mutter schimpfte mit dem Kind. An dieser Art von Kommunikation wird für das Kind eine hierarchische Struktur deutlich, in der den Worten des Urgroßvaters besonders viel Wichtigkeit zukommt.

Heutzutage existieren auch andere Familienmodelle. Es herrscht eine direkte Kommunikation, zum Beispiel zwischen Großvater und Enkel, und es herrscht vor allem auch Erstaunen darüber, wie miteinander geredet wird. „Nie hätte ich so mit meiner Mutter oder meinem Großvater reden dürfen", kommentiert die ältere Generation den schwierigen Umgang mit der Auflösung von Hierarchien. Erst bei direkter Kommunikation, ohne die hierarchischen Strukturen einzuhalten, wird deutlich, dass Macht und Autorität zwei grundsätzlich verschiedene Werte widerspiegeln. Gegen Macht wehren wir uns oft, da die Freiheit entfällt. Bei der Autorität verzichten wir aufgrund besseren Wissens auf die Freiheit. Mittlerweile herrscht Gleichwertigkeit zwischen allen Altersgruppen und die Art und Weise, wie Wissen und Erfahrung weitergegeben werden, ist entscheidend, ob die ältere Generation mit Respekt belohnt oder mit Verachtung bestraft wird. Denn dadurch, wie etwa der Großvater etwas zu seinem Enkel sagt, spürt das Kind, ob es von ihm groß- oder kleingemacht wird. Hierdurch kann Autorität ausgeübt werden – im großen Unterschied zur Machtausübung. Wer mit Achtung vor dem Leben kommuniziert, hat es nicht nötig, einen machtvollen Satz auszusprechen wie: „Früher hättest du anders reden müssen", sondern kann direkt zu seinem Enkel sagen: „Ich habe schon so viele Unfälle mit Messern gesehen, bitte lege es weg." Dann wird vielleicht eine Diskussion entstehen, was der Opa alles gesehen hat. Es findet ein Entwicklungsprozess beim Enkel statt und nicht nur eine emotionale Reaktion gegen die Machtausübung des Großvaters.

Kommunikation und Macht

Die in dem Fallbeispiel beschriebenen herkömmlichen Machtstrukturen sind heutzutage großteils aufgelöst, der Umgang mit Macht und Schuld jedoch noch nicht. Unklare hierarchische Strukturen und unklare Machtverhältnisse erlauben es in jeder Beziehung, entweder eine Opfer- oder eine Täterrolle anzunehmen. Um nicht in eine der beiden Rollen zu verfallen oder in sie gedrängt zu werden, ist es wichtig, die emotionalen Botschaften zu erkennen und zurückzugeben: zurückgeben, ohne beleidigt zu sein oder Dinge persönlich zu nehmen. Viele ältere Menschen haben nicht gelernt, dem emotionalen Aspekt Widerstand zu bieten. Somit beschreiben viele, die Enkel oder Urenkel haben, dass sie sich selbst nie getraut hätten, so mit ihren Großeltern zu reden, wie dies die heutige Generation täte. Sie schlüpfen also in die Opferrolle und geben durch das Gefühl der Enttäuschung Macht an die Enkel ab. Eine Macht, die ihnen zu diesem Zeitpunkt noch nicht zusteht.

Es ändern sich also die Machtstrukturen innerhalb von Familien oder zwischen Arbeitskollegen. Jeder Mensch muss nun mit dem emotionalen Aspekt umgehen können. Denn jeder erlebt die unmittelbaren emotionalen Aspekte als eine Art Widerstand beziehungsweise als Antwort, die unter Umständen nicht angemessen wirkt. Das heißt: Spricht der Großvater direkt mit seinem Enkel, so erhält er nunmehr dieselbe Antwort, die früher nur die Haushälterin oder Mutter erhalten hätte. Eventuell: „Ja gleich, ich muss nur etwas schneiden. Dann lege ich das Messer weg."

Diese Beispiele zeigen, dass es notwendig ist, ein Kommunikationsmodell zu entwickeln, welches sowohl den emotionalen Aspekten als auch den verbalen Äußerungen gerecht wird.

Das Fraberger'sche Modell ermöglicht in erster Linie, den emotionalen Aspekt der Botschaft des anderen zu erkennen. Kommunizieren heißt nicht nur zu empfangen, was kommt, und damit umzugehen, sondern vor allem auch zu erkennen. Konzentriert man sich darauf, welches Gefühl mein Partner in mir auslöst, kann die Frage entstehen, wie es ihm eigentlich geht. Darauf kann reagiert werden. Man erkennt, wie es dem Sender einer Botschaft geht. Beziehungsweise umgekehrt – wenn ich jemandem meine Botschaft sende und mein Gegenüber diese nicht versteht, brauche ich ein Modell, das mir zeigt, was ich dem anderen wirklich sende. Welches Gefühl gebe ich ihm und verschenke ich sogar Einladungen, beleidigt zu werden?

Sachliche Unterhaltungen

Sowohl aus psychologischer Sicht als auch aus jener des Hundecoaches gibt es keine sachliche Kommunikation. Wissen ist stets an Identität gebunden und damit wird automatisch jener

Wert, der dem Wissen gegeben wird, an die Person gebunden. Es wird gestritten, wer recht hat. Aus Wahrscheinlichkeiten werden Wahrheiten, aus subjektiver Wahrnehmung Realität. Sachlich zu argumentieren ist heute dennoch wichtiger denn je.

Kommunikation und Beziehung sind entscheidend für den therapeutischen Prozess. Interessanterweise ist der therapeutische Prozess einer, bei dem der Psychologe „abstinent" bleiben soll. Er soll also seine Probleme nicht auf den Patienten übertragen. Freud postulierte, dass in der Beziehung zwischen Klienten und Therapeuten drei unbewusste Phänomene auftreten können. Natürlich nicht nur in der Klienten-Therapeuten-Beziehung, aber dort besonders, da das Vertrauen beziehungsweise die Nähe zwischen beiden Menschen gegeben ist, da einer von ihnen sehr persönliche Sachen von sich preisgibt. Diese unbewussten Phänomene sind:

1. Prozess der Übertragung – hier wird ein Gefühl des Klienten auf den Therapeuten übertragen; zum Beispiel die Angst eines Patienten geht auf den Therapeuten über.

2. Prozess der Gegenübertragung – das Gefühl, das vom Klienten ausgeht, wird vom Therapeuten auf den Klienten übertragen; zum Beispiel ein Patient, der seine Krankheit ablehnt, wird von seinem Therapeuten abgelehnt mit der Begründung, er wolle nicht mitmachen.

3. Prozess der Projektion – ein Gefühl des Klienten wird auf den Therapeuten gelegt, ohne dass der Klient selbst spürt, was in ihm vorgeht; zum Beispiel ein Klient verliebt sich in seinen Therapeuten, fühlt dies aber nicht und glaubt, der Therapeut habe sich in ihn verliebt.

Der Einfluss des Psychologen wird zwar anhand von Studien nachgewiesen, kann jedoch in keinem Kommunikationsmodell erklärt werden. Eines der eindrucksvollsten Studienergebnisse stammt aus Amerika und betrifft den Einfluss des Psychologen auf Paare, die zur Eheberatung kommen. Es zeigte sich, dass Paare, die zu einem geschiedenen Therapeuten gingen, sich signifikant häufiger scheiden ließen als jene Paare, die einen verheirateten Therapeuten aufsuchten. Trotz Abstinenz ist das ein eindrucksvolles Ergebnis. Die Fähigkeit zu kommunizieren muss also den emotionalen Aspekt mit einschließen, um letzten Endes auch seelische Bedürfnisse erkennen und beantworten zu können.

Diese Prozesse finden stets unbewusst statt und finden bislang nicht Einzug in die gängigen Kommunikationsmodelle.

Zur Konstruktion des Kommunikationsmodells

Ziel war es, ein Modell vorzustellen, das zum einen sowohl sprachliche als auch beziehungsmäßige Aspekte berücksichtigt, zum anderen auf einer sehr feinfühligen Ebene genauso Gültigkeit hat wie auf einer inhaltlich hochphilosophischen.

Die Verbindung zwischen zwei Menschen hat stets ein Ziel. Letzteres ist immer mit einem Gefühl verbunden, unabhängig davon, ob das Ziel einer Beziehung Geld, Liebe, Sex oder Wissenserwerb ist. Im Idealfall lautet das Ziel, erkannt und akzeptiert zu werden. Eines der häufigsten Ziele ist die Liebe, und das kann damit beginnen, auf Sexualität auszuweichen. Dies passiert, indem Männer und Frauen versuchen, sich gegenseitig „abzuschleppen". Hierdurch erkennen sie sehr rasch, wer der andere ist, und zeigen dies auch sehr deutlich. Wenn jedoch einer der beiden bereits in einer Beziehung ist, so ist die Spannung unangenehm erhöht, denn dem Ziel wird Widerstand geboten. Die unbewussten Botschaften bestimmen die Beziehung und viel weniger die fachlichen oder persönlichen Aspekte.

An einem typischen Beispiel aus einer Beziehung zwischen Mann und Frau ist zu erkennen, wie die Tonlage, in der ein Wunsch geäußert wird, davon abhängt, wie das Beziehungsklima in der Zeit davor ausgesehen hat. Eine Frau sagt zu ihrem Mann: „Bring den Müll raus." Wenn ich als Mann im Haushalt beim Staubsaugen, Bügeln oder Einkaufen geholfen habe, wird der Druck dieses Wunsches sehr gering sein. Habe ich tagsüber viel gearbeitet und war kaum zu Hause, so kann dieser Druck stärker ausfallen. In beiden Fällen achtet man mehr darauf, *wie* etwas gesagt wird, als auf das, *was* gesagt wird. Anhand des „Wie" erkennt man, wie es dem anderen geht, wie wichtig es ist, dass ich folge, und wie zufrieden der andere mit mir ist. Ein Indikator also für die Beziehungsqualität. Je geringer der emotionale Druck in der Tonlage ist, desto harmonischer scheint die Beziehung des Paares zu sein.

Aus psychologischer Sicht liegen Missverständnisse oft darin begründet, dass wir uns sofort darauf konzentrieren, welches Gefühl uns entgegengebracht wird, und weniger darauf achten, was gesprochen wird.

Hundekommunikationsmodell nach Roland Raske

In der Kommunikation mit einem Hund gibt es einen besonderen Gegensatz zur zwischenmenschlichen: Die Verantwortung des Senders wird hier nicht an das Gegenüber abgegeben. Der Hundebesitzer als Sender muss zuerst wissen, was er möchte, wie er es vermitteln kann, und anschließend muss er an seinen Hund denken. Drei Aspekte in der Begegnung mit einem Hund sind erwähnenswert:

Konfrontation mit dem Instinkt/Willen: Die Kommunikation mit einem Hund beginnt damit, den Aktionsraum des Hundes einzugrenzen. Dazu wird der Hund mit kontrollierter Ablenkung und wenig Sprachverwirrung an das Orientieren am Herrchen/Frauchen beziehungsweise Verstehen des Menschen herangeführt. Eine Leine als Lern- und Kommunikationshilfe ist dabei zunächst unbedingt nötig.

Abklären der Machtverhältnisse: Diesem Aspekt wird begegnet, indem man beobachtet, anstatt zu reden. Der Hundebesitzer muss lernen, den Hund genau zu beobachten, anstatt durch ein „Kommando" oder Signal ein unerwünschtes Verhalten zu kommentieren und damit zu verstärken. Die Worte „Nein, das will ich nicht" wirken bei einem Hund belohnend. Ein Hund hat durch Erfahrung gelernt, bei wem er folgen muss und bei wem nicht. Er klärt also ab, wer der Stärkere ist.

Konfrontation mit Verhalten: Das bedeutet, den Hund langsam und geduldig mit den Ablenkungen des Alltags zu konfrontieren und das gewünschte, richtige Verhalten mit der Stimme und anderen Mitteln zu belohnen. So wird der Hund konditioniert, er verknüpft das richtige Verhalten mit positiven Erlebnissen. Sein Verhalten wird bald „alltagstauglich".

Wertvoll kommunizieren

Aus dem Fraberger'schen Kommunikationsmodell ist gut erkennbar, dass wir Werte kommunizieren – und zwar anhand von Gefühlen. Jedes gesprochene Wort wird mit einem emotionalen

Marker verbunden, daraus leiten wir Werte ab. Alles, was mit einer positiven Emotion verbunden ist, darf gesagt werden. Alles, was negativ ist, darf zwar gesagt, aber nicht getan werden. Alles, was mit extremer Angst oder Scham verbunden ist, wird zum Tabu.

Um die Fragen zu beantworten, wie man in seinen Wünschen und Bedürfnissen respektiert und wie man nicht zum „Täter" – also zu jemandem, der wenig Feingefühl verspürt – wird, ist es wichtig, sich die Prozesse von Kommunikation noch einmal zu überlegen.

Ein Beispiel: Ein Mensch, der Hunde mag, spricht das Wort „Hund" anders aus als einer, der panische Angst vor Hunden hat. Dem wirklich Ängstlichen stellt es allein beim Wort „Hund" alle Haare auf, weil für ihn schon das Wort angstauslösend ist. Geht es aber darum, herauszufinden, was man selbst vom Leben möchte, was einem guttut und was nicht, muss man lernen, auf sich zu achten, um zu erkennen, welches Gefühl bei welchen Ideen entsteht. Viele Ziele, die ein Mensch erreichen möchte, sind nämlich nur durch die emotionale Bedeutung erfassbar. Deshalb ist es wichtig, darüber nachzudenken, welche Relevanz beziehungsweise welchen Wert Wörter auf dieser Ebene haben.

Das Fraberger'sche Kommunikationsmodell erlaubt es, primär auf die subjektive Bedeutung eines Wortes zu achten. Diese Vorgangsweise belässt die Intensität eines Gefühls (Druck oder Harmonie) bei jenem Menschen, der ein Wort sagt, und nicht bei jenem, der den Druck des anderen spürt und sich sofort fragt: Wie löse ich diesen Druck?

FALLBEISPIEL: Ehebruch als Tabu kommunizieren

Einem Mann wird von seiner Frau eine Affäre vorgeworfen, die lange vorüber ist. Er hat sich auch schon mehrfach bei ihr entschuldigt. Seine Situation kann folgendermaßen beschrieben werden: Eine gut situierte Familie beschließt, sich eine Masseurin zu gönnen, die Hausbesuche macht. Kinder, Frau und Mann werden von der Dame einzeln massiert. Der Mann fängt eine Affäre mit der Masseurin an. Nach sechs bis acht Monaten beginnt diese, von ihm immer wieder Geld zu fordern. Erst nach etwa einem Jahr ist tatsächlich von Erpressung die Rede, als der Mann die Beziehung komplett beenden will. Seit jenem Moment steht das Verhältnis der beiden Eheleute enorm unter Druck, denn ihn begleitete stets das Gefühl der Angst, seine Gattin verlieren zu können. Dies geschah auch beinahe, als die ganze Geschichte aufflog. Er entschuldigte sich bei seiner Gemahlin und teilte ihr mit, dass er der Versuchung jener Masseurin nicht hätte standhalten können. Seine Ehefrau ist wütend und verletzt. Das Wort „Masseurin" bekommt für die beiden eine neue, emotional negativ besetzte Bedeutung. „Massieren" erhält eine neue Wertung, in dieser Familie wird es zum Tabu.

Was hat dieser Mann übersehen? Er hatte doch bereits eine Frau, die er seinen Angaben entsprechend über alles liebte und immer noch liebt. Wie kommt er dazu, sich mit einer zweiten Frau einzulassen? Rückblickend beschreibt dieser Mann, dass er sich bereits zu Beginn hätte denken können, dass diese Frau in Wirklichkeit Geld von ihm wollte. Betrachtet man dieses Beispiel anhand des Kommunikationsmodells, so wurde die Versuchung als unwiderstehlich erlebt. Eine Art Druck also, der nur abgebaut werden konnte, indem sich der Mann mit der Masseurin einließ. Es war kein Beziehungs-, sondern ein Kommunikationsproblem, denn der Mann konnte nicht Nein sagen.

Die Masseurin hingegen hat erkannt, dass der Mann nicht Nein sagen kann, und ihn damit konfrontiert. Diese Kommunikation hat dazu geführt, dass sie dies nicht nur erkannte, sondern auch nutzte. Kommunikation ist stets eine Frage von Geben und Nehmen. Ich kann beispielsweise jemandem nur signalisieren, dass ich ihn verstehe, indem ich antworte. In einer Situation, wo es um Liebe geht, ist immer auch Bedingungslosigkeit im Spiel. Keiner kann jedoch bedingungslos kommunizieren. Es gibt damit die bedingungslose Liebe, das bedeutet, jemanden zu lieben, unabhängig davon, was er tut. Sexualität können Menschen auch praktizieren, wenn sie nicht lieben. Bedingungslos zu lieben funktioniert ohne Kommunikation, Sexualität nicht. Weshalb? Weil sich nämlich Menschen, die miteinander Sex haben, gegenseitig zu erkennen geben. Sie behandeln sich so, wie es beiden gefällt. Gefällt es einer Person nicht, ist diese nicht erregt. Es fehlen die körperlichen Reaktionen und Sexualität wird einseitig. Ein Prozess, der beiden gefallen muss, ist hierbei die Bedingung. Man kann sich also nicht für den anderen opfern, mit ihr oder ihm schlafen, ohne selbst Gefallen daran zu haben. Man muss sich bewusst machen, dass eine romantische Affäre stets mit der Abdeckung eines Mangels in Verbindung steht. Dies allein schließt die Bedingungslosigkeit aus.

Was hat jener Mann also nicht erkannt oder erkennen wollen? Den finanziellen Mangel, den die junge Masseurin anscheinend hatte, oder auch das Bedürfnis nach Liebe, nach einer Familie.

Was ändert sich in der Kommunikation zwischen den Ehepartnern?

Wir Menschen benötigen Gewissheit und Hoffnung. Die Ehefrau wurde massiv gekränkt, weil ihr Gatte sie betrogen hatte. Das änderte die Stimmung zu Hause. Es war mehr Ungeduld zu spüren, es gab mehr Schuldzuweisungen, mehr Kontrolle sowie weniger Körperkontakt und menschliche Nähe. Es wurde auch weniger gesprochen. Die Spannung zwischen beiden Eheleuten war enorm. Beide hatten sich entschieden zusammenzubleiben, da sie einander sehr schätzten, sich brauchten, aneinander gewöhnt waren. Die Spannung war jedoch so unangenehm, dass sie psychologische Beratung suchten, und das zehn Jahre nach diesem Betrug. Ziel war es, durch eine verbesserte Kommunikation die Gewissheit, dass der Partner einen liebt, und die Hoffnung, dass er nicht mehr betrügen würde, wiederherzustellen.

Die angespannte Stimmung, die bei der Frau aufgrund der Verletzung und beim Mann aufgrund von Schuldgefühlen entstanden war, musste überwunden werden. Eine neue Naivität, die in der Beziehung Platz finden muss, sollte hergestellt werden. Eine Art Unschuldsvermutung dem Mann gegenüber war notwendig, auch wenn er beispielsweise wieder um eine Stunde später heimkam als erwartet. Diese Naivität sollte auch vom Ehemann gefördert werden, indem er auf die Sorgen seiner Frau einging. Das funktionierte nur, indem beide lernten, Gefühle prompt zu beantworten. Sobald der Mann nach Hause kam, wurde er prüfend begrüßt. War ihm diese Prüfung unangenehm und bot er Widerstand, war die Spannung zu spüren. Sie mussten also lernen, sich so zu begrüßen und zu begegnen, dass jede Unsicherheit Platz fand. „Keine Sorge, mein Schatz. Ich bin nur müde", war für diese Frau die richtige Antwort auf ihre prüfende Begrüßung. Aus psychologischer Sicht passt jede Antwort, die auf die Sorge der Frau eingeht. Alles andere führt zu einer Spannungserhöhung.

Tabus haben deswegen eine so große Wirkung, weil sie mit starken Emotionen verbunden sind. Jede noch so kleine Emotion, die mit einem großen Tabuthema verknüpft ist, löst dieselbe körperliche und gedankliche Reaktion aus wie das Sprechen über Tabuthemen. Es stellte also nicht nur die Masseurin ein Tabuthema dar, sondern jedes Nachhausekommen des Mannes löste Angst aus. Denn die Angst wurde ebenfalls tabuisiert, da sie ja mit der Masseurin verbunden war.

Hoffnung kommunizieren

Es gibt ein weiteres wesentliches Element in der zwischenmenschlichen Kommunikation, das erwähnenswert ist: die Hoffnung. Wie wir aus der Theologie wissen, ist Hoffnung ein noch nicht erreichter oder erfüllter Zustand, der unter anderem davon abhängt, was wir wünschen oder benötigen. Entweder haben wir etwas noch nicht oder wir sind etwas noch nicht. Laboriert man an Schnupfen, hofft man, relativ rasch wieder gesund zu werden. Da man mit hoher Wahrscheinlichkeit nach einer Woche eine Verbesserung erwartet, ist der Grad an Hoffnung gering. Weil die Angst, krank zu bleiben, im Falle eines Schnupfens relativ niedrig ist, ist auch der Grad an Hoffnung nicht hoch. Richten sich die Bemühungen aber auf die Rettung des Lebens eines Kindes, haben wir einen sehr hohen Grad an Hoffnung, ebenso wenn es um Liebe oder Existenz geht. Ist es nicht so wichtig, etwas zu erreichen, ist der Grad an Hoffnung geringer. Damit fällt auch der emotionale Druck geringer aus, der jenem Menschen entgegengebracht wird, von dem man sich erwartet, dass er diese Hoffnung erfüllen kann.

Suchen wir einen Menschen auf, von dem wir etwas erhoffen – Liebe, Geld, Sex, Schönheit, Gewichtsverlust, Pflege, medizinische Versorgung –, so wird durch diese Person Hoffnung kommuniziert. Sie wird zu unserem Hoffnungsträger. Um jenem

Menschen mitzuteilen, dass er mein Hoffnungsträger ist, muss ich ihm zunächst einen Teil meiner Realität beziehungsweise meiner Erfahrungen mitteilen. In Abhängigkeit von meinen Bedürfnissen wird Hoffnung entweder in die Persönlichkeit oder in das Fachwissen dieses Menschen gelegt. Haben wir ein medizinisches Problem, so ist der Arzt unser Hoffnungsträger. Sein Wissen, sein Gefühl dafür, wie man wieder gesund wird, machen wir verantwortlich für unser Wohlergehen. Je konkreter unsere Bedürfnisse sind, desto leichter finden wir Menschen, in die wir Hoffnung legen können.

Besonders in der Medizin ist es sehr leicht, ein Problem klar und deutlich zu umschreiben: Was tut weh? Wie lange schmerzt die Körperstelle schon? Gab es einen Unfall? Je schwieriger und komplexer Probleme sind, desto schwieriger wird es, einen Hoffnungsträger zu finden. Um für die Sicherheit einer Gruppe von Menschen zu sorgen, hoffen wir etwa auf die Unterstützung durch die Exekutive. Geht es um das generelle Wohlergehen, hoffen wir auf den Einfluss von Personen in der Politik.

Das Grundproblem von Hoffnung, dass diese sich nicht mehr an Gut und Böse orientiert, spiegelt sich auch in der Kommunikation wider. Das bedeutet, dass der Arzt so lange als Hoffnungsträger gilt, solange er sein Wissen verständlich kommuniziert. Schafft es hingegen ein Wunderheiler, den Eltern eines todkranken Kindes sein Wissen und seine Realität verständlicher zu kommunizieren als ein Arzt, so lassen die Eltern ihr Kind unter Umständen lieber von ihm als vom Mediziner behandeln. Dieselbe Problematik finden wir in allen anderen Lebensbereichen. Es geht um die Fragen: Wer verkauft sich als Hoffnungsträger besser? Und nicht: Wer ist es wirklich?

Oft kommuniziert man mit Menschen überhaupt nur, weil man sich von diesen etwas erhofft. Wenn man also selbst einen

Mangelzustand erlebt und vom anderen erwartet, dass er diesen ausgleichen kann. Wie kommuniziert man nun Hoffnung?

Gut und Böse kommunizieren

Sich anderen Menschen zu zeigen, andere Menschen zu erkennen sowie sich selbst anhand anderer Menschen zu erkennen, gilt als Grundbedürfnis. Dieses hängt noch nicht mit der Sozialisation zusammen, also noch nicht damit, zwischen Gut und Böse unterscheiden zu können. Als gut betrachten wir alles, was Menschen so sein lässt, wie sie sind, als böse alles, was ihnen existenziell schadet. Die Frage, was schadet, bleibt bis zu einem gewissen Grad immer unklar. Bis zu jenem Grad nehmen wir auch keine Rücksicht aufeinander. Das heißt, wir erlauben uns, dem anderen schonungslos zu zeigen, was wir von ihm halten. Das Mitgefühl kommt erst zum Einsatz, wenn wir tatsächlich miteinander kommunizieren. Zeige ich dem anderen, was ich von ihm halte, ist das nur eine sehr einseitige Kommunikation, glauben wir. So beschreiben Frauen in der psychologischen Beratung, dass Männer ihnen auf offener Straße einfach sagen, sie seien hässlich, dick, unattraktiv oder blöd. Beim Autofahren oder im Verkehr zwischen Radfahrern und Fußgängern tritt ein ähnliches Phänomen auf. Sätze wie „Du Trottel, ich habe es eilig!", „Wenn du unfähig bist, fahr heim!", „Aus dem Weg!" sind Aussagen, um anderen Menschen zu zeigen, was wir von ihnen halten. Dieses Verhalten ist unabhängig von Bildungsgrad und Alter.

Es gibt also Situationen, in denen Menschen grundsätzlich schlechtgemacht werden, weil deren ganzes Wesen, ihre Seele, mit einer Fähigkeit oder Unfähigkeit verbunden wird. Wird man derart beschimpft, beleidigt oder gekränkt, hinterlässt das auch

Spuren. Dennoch gilt dieses Verhalten, jemanden zu beschimpfen, nicht als böse. Und zwar deshalb, weil man ja nur seine Meinung sagt. Versucht man, sich gegen solche Anschuldigungen zu wehren, hört man sogar noch: „Dann schau doch in den Spiegel!" oder „Lern endlich fahren!"

Wir erhoffen immer etwas von anderen Menschen, nämlich zumindest, so gelassen zu werden, wie wir sind. Weshalb jemandem, der einem nicht gefällt, sagen, dass man ihn hässlich findet? Weshalb jemandem, der langsam fährt, den Finger zeigen? Weshalb einen Menschen derart bloßstellen und ihn nicht lassen, wie er ist?

Selbst in der Bedingungslosigkeit hoffen wir, dass die Beziehung zum anderen nicht umsonst ist. Der Unterschied zwischen guter und böser Kommunikation liegt nicht in der Spannung oder in dem Druck, den man dem anderen macht, um das Erhoffte zu erlangen, sondern darin, ob man dem anderen damit berechnend schadet. Es geht um die Intention, von dem anderen etwas zu wollen, ohne Achtung zu haben vor dem, was er ist und was ihm gehört. Der Grad der Hoffnung ist deswegen so entscheidend, weil ein hoher Grad an Hoffnung mit mehr Ausnutzbarkeit verbunden ist. Wer zum Beispiel hofft, dass jemand sein Leben retten kann, wird weit weniger davon ausgehen, dass der Hoffnungsträger böse Intentionen hegt, als wenn er nur Gewicht verlieren möchte.

Missverständnisse und deren Folgen

Über Missverständnisse nachzudenken bedeutet, darüber zu entscheiden, ob und wie man eine Beziehung mit jemandem führt. Im Anschluss an die Überlegungen zu Gut und Böse im vorigen Kapitel dient ein Missverständnis nämlich dazu, sich selbst zu überlegen, ob jemand gut zu mir ist und mich nicht versteht, oder ob er nicht gut zu mir ist, obwohl er mich versteht. Es sind Missverständnisse, die Klarheit über die Art einer Beziehung vermitteln können.

Häusliche Gewalt, Depression, Angst, Suizid – das sind nur einige mögliche Folgen des Nicht-verstanden-Werdens. Nicht verstanden zu werden bedeutet, das Gefühl zu haben, dass etwas falsch läuft. Es ist nicht nur ein schlichtes Problem von Sprache, sondern es betrifft das Bild der ganzen Person. Der Eindruck, missverstanden zu werden, kann unmittelbar im Kontakt oder Gespräch mit jemandem entstehen, vor einem Gespräch durch Erwartungen und Vorurteile oder erst wenn der Kontakt vorbei ist und man darüber nachdenkt. Begleitet von dem Gefühl des Unwohlseins und der Unklarheit treten Fragen auf wie: „Was macht der mit mir?", „Wofür hält er mich?", „Verkauft er mich für blöd?", die darauf hindeuten, dass man nicht verstanden wird. Im Körper ist dieses Gefühl anhand von Spannung oder durch Kopfschütteln zu spüren, man wird wütend oder aggressiv.

Ein Missverständnis beginnt beim Menschenbild. Diese Aussage kann schnell dazu führen, dass man meint, der Sender einer Botschaft trage selbst Schuld am Missverständnis, denn er sehe die Welt falsch. Ob diese Schuld tatsächlich beim Sender oder beim Empfänger liegt, ist jedoch nicht festlegbar. Wenn zwei Menschen miteinander kommunizieren, so leben beide mit einer anderen Realität aufgrund anderer Erfahrungen. Innerhalb ihrer Erfahrungen hat ihre Realität Gültigkeit. Ziel der Kommunikation ist es, dem anderen zu zeigen, dass es vielleicht auch eine andere Realität gibt. Solange die Diskussion darüber existiert, wie die unterschiedlichen Realitäten aussehen, wird kommuniziert. Gibt man einem recht, ist dies das Ende der Diskussion und somit das Ende der Kommunikation.

Mit einer Behinderung aufzuwachsen macht klar, dass Behinderung kein Hindernis für Beziehung, Arbeit oder Freizeit im Leben darstellen muss. Diese Erfahrung und diese Realität jemandem zu kommunizieren, der nicht behindert ist, der sich nicht vorstellen kann, sich anders als auf zwei Beinen fortzubewegen, ist nahezu unmöglich. Jene Erfahrung kann nur anhand von einzelnen Beispielen, mittels Diskussionen über technische Hilfsmittel, über Menschen, die einen lieben und einem helfen, über Toleranz und Flexibilität geführt werden. Die Diskussion über meine Realität von Behinderung führt also über diese Themen. Jemand, der mit Themen wie Liebe, Hilfe, Akzeptanz, Flexibilität etc. andere Erfahrungen gemacht hat als ich, wird zunächst über diese Themen nachdenken, um anschließend erst zu meiner Realität zu kommen.

Dieselben Kommunikationsschwierigkeiten zeigen sich bei zahlreichen anderen Themen, wie zum Beispiel bei Sexualität mit ihren unterschiedlichen Formen und Vorlieben (Homosexualität, Bisexualität, Transsexualität etc.), bei Migration und weiteren.

Es ist sicher, dass jeder Mensch im Leben auch missverstanden wird. Ziel dieses Buches ist es, ein Kommunikationsmodell vorzustellen, das es erlaubt, mit Missverständnissen derart umgehen zu können, dass die Beziehungsfrage rascher geklärt werden kann, um erkennen zu lernen, worin das Problem des Missverständnisses besteht: Entweder will er/sie mich nicht verstehen oder er/sie versteht, aber ignoriert mich.

Jeder Mensch sucht den sozialen Kontakt, um mit anderen Personen Zeit zu verbringen und sich geistig wie auch emotional auszutauschen. Diese Suche nach Freunden und nach der Liebe begleitet uns ein Leben lang. Immer wieder treffen wir Menschen, mit denen wir Zeit verbringen wollen, die wir mögen und denen wir Achtung entgegenbringen. Doch nicht immer haben diese Menschen dasselbe Bedürfnis in gleichem Ausmaß. Selbst wenn gleiche Interessen existieren, sonst auch alles passt, jedoch der eine Mensch mehr zu tun hat als der andere und deswegen weniger Zeit mit ihm verbringen kann, fühlt sich einer missverstanden. Körperlich zeigt sich Missverständnis in Form von Spannung, man fühlt sich gedemütigt, gekränkt, beleidigt.

Viel stärker ist dieses Gefühl, missverstanden zu werden, wenn sich beispielsweise ein Mann in eine Frau verliebt, mit dieser Zeit verbringen möchte und die Favorisierte ihn in der Liebe ablehnt. Selbst eine entschuldigende Bemerkung wie „Ich fühle halt nicht so, suche dir dafür jemand anderen" kann sehr kränkend wirken. Obwohl hier nur eine Meinung kundgetan und eine Realität mitgeteilt wurde – eine Ehrlichkeit, die als wertvoll gilt –, ist es für jenen Mann dennoch schwierig, mit der dadurch entstehenden Spannung im Körper umzugehen. Die Spannung kann als Kränkung interpretiert und erlebt werden und „schuld" daran ist eine Frau, die nicht will.

Die Verantwortung für diese Spannung kann nicht wie in einer Beziehung gemeinsam durch Diskussion in Harmonie verwandelt werden. Diese Spannung muss ohne Partnerin gelöst werden. Als Missverständnis muss die nicht erwiderte Liebe gesehen werden, da einem Liebesgeständnis oft eine lange Kommunikation vorausgeht. „Wieso bist du dann mit mir ausgegangen?" –

„Wieso hast du meine Blumen angenommen, hast du dich über mich lustig gemacht?" All das sind Ausdrücke von Missverständnissen, mit denen wir lernen müssen, besser umzugehen.

Wie entstehen Missverständnisse?

Ein kleines Wort genügt, schon fühlen wir uns beleidigt, gekränkt, ignoriert, gedemütigt, verhöhnt. Wie aus dem Vergleich zwischen Mensch und Hund hervorgeht, entstehen Missverständnisse nicht nur aufgrund von falschen Worten, denn Hunde haben keine Worte, sondern sie sind viel tief greifender und entstehen aufgrund unterschiedlicher Vorstellungen von Situationen oder Beziehungen. Auch eine nicht mitgeteilte Vorstellung von einer Situation führt zu Frustration. Wenn ein Mensch von einem anderen etwas erwartet und dieser die Erwartung nicht erfüllt, wenn eine Frau beispielsweise gerne Blumen hätte und sie ihrem Partner gegenüber den Wunsch nicht äußern möchte, kann eine Spannung in ihrem Körper entstehen, sollte er ihr nie Blumen bringen. Unerfüllte Wünsche und Hoffnungen können als Gefühl von Spannung und Frustration empfunden sowie als Missverständnis interpretiert werden. Unzufrieden geht man dann am Blumengeschäft vorbei: „Er muss doch merken und wissen, dass ich Blumen liebe. Er kennt mich schließlich." Diese Gedanken, Blumen haben zu wollen, werden nicht kommuniziert, sehr wohl jedoch die Enttäuschung, denn erlebt man erst einmal einen Mangel, ist dieser spürbar. Ohne viele Worte entsteht Druck in der Beziehung, es wird an der Leine gezogen.

In der menschlichen Beziehung basiert der Vorwurf „Du hörst mir nicht zu" auf der Tatsache des Zeit- und Raumerlebens: Im Vergleich mit der Beziehung zu einem Hund wird bewusst, dass dieser nicht multitaskingfähig ist, der Hund lebt im Moment und er lebt an einem Ort. Er kann nicht an die Befürchtungen von morgen oder an das Drama von gestern denken. Er denkt wahrscheinlich auch nicht daran, was gleichzeitig einer seiner Hundefreunde tut und warum dieser nicht anruft. Deswegen kann er in jedem Moment spüren, was ihm guttut, was er braucht oder nicht braucht. Ein Mensch hat eine Liste von Bedürfnissen, die gedeckt werden wollen. Dazu suchen wir uns Menschen aus. Wird ein Bedürfnis nicht befriedigt, beschäftigt uns dieser Mangel derart, dass wir den Moment nicht genießen können. Ein Hund möchte seine Bedürfnisse befriedigen, mit und ohne Menschen. Ein Kind lebt – ähnlich wie ein Hund – im Moment. Es möchte leben, es möchte spielen, es braucht Liebe und Geborgenheit. Auch als Erwachsener möchte man das, doch das Einordnen in Zeit und Raum, das Suchen eines Platzes in einer Gesellschaft lenkt von diesen Bedürfnissen ab. Denn wir haben die Möglichkeit, zu vergleichen: Bin ich am richtigen Ort? Wo wäre es schöner? Mit wem wäre ich gerne dort?

Die Ergebnisse der Aggressionsforschung bei Menschen haben gezeigt, dass Aggression immer dann auftritt, wenn man anscheinend nicht verstanden wird. Dieser psychische Stress wird in Form von Trauer, Aggression, Sorge oder Enttäuschung erlebt. Der Stress wird in die Beziehung mitgenommen, aus einer lustig-leichten, lockeren Atmosphäre kann so eine gedämpfte, mit Unsicherheit erfüllte und angespannte Stimmung entstehen.

Ein Mensch orientiert sich daran, wie er sich fühlt. Ein Mensch setzt sich Ziele in einer Beziehung, die mit seinem Selbstwert verknüpft sind. Erreicht er ein Ziel, so ist er mit seinem Körper und seinen Leistungen zufrieden, wird geachtet und gemocht und hat einen hohen Selbstwert. Erreicht er ein Ziel nicht, ist er mit seinem Körper oder mit seinen Leistungen unzufrieden, dann sinkt sein Selbstwert. Dieser Selbstwert als Emotion der eigenen Person gegenüber spiegelt sich in der Kommunikation wider, nicht jedoch das Ziel einer Beziehung. Klarheit wird nur vermittelt bezüglich Erfolg oder Misserfolg. Ziele werden oft lange verheimlicht, damit die Wahrscheinlichkeit zum Erfolg steigt. Ein unzufriedener Mensch ist schlecht gelaunt und lässt auch bei anderen Menschen wenig Freude und Ausgelassenheit zu. Die Beziehung zu anderen Menschen ist angespannt.

Missverständnisse zwischen zwei Menschen hängen somit stark mit dem Selbstwert beider Menschen zusammen. Ein niedriger Selbstwert eines Menschen wird durch eine sichere Aussage eines anderen noch mehr gedrückt, denn je sicherer der andere ist, desto deutlicher wird Unsicherheit spürbar. Dieses Gefühl wirft das Missverständnis auf, das die Beziehung infrage stellt. Es muss geklärt werden, ob man sich von dem Gegenüber kleinmachen lassen soll oder nicht.

Der Hund lernt situationsbezogen, um zu gefallen, da er durch das Bravsein Aufmerksamkeit erhält. Die klassischen Lerntheorien bezeugen, dass Reize mit Situationen und Erwartungen verbunden werden. Mit einem Hund spricht man, wenn man von ihm etwas verlangt. Ein Mensch aber lernt aufgrund von Neugierde, er möchte auch anderen Menschen gefallen, jedoch hat er das Grundbedürfnis, so zu sein, wie er ist. Bedingungslosigkeit ist Pflicht. Gut sein und deswegen gemocht zu werden, stellt für einen Menschen auf Dauer keine Lösung dar. Wir sind darauf angewiesen, Menschen zu finden, die uns mögen, so wie wir sind, wohingegen ein Hund lernt, so zu sein, wie der Mensch ihn mag.

Der Mensch kann etwas Neues erschaffen, er lernt sowohl situationsbezogen aus Interesse und Neugierde als auch aufgrund unterschiedlicher Anreize wie beispielsweise Geld oder Lob. Antreibend sind für uns Belohnungen, die in Form von Geld, Liebe oder Kompetenz und Erkenntnis geboten werden.

Allein das Bewusstmachen dieser Gemeinsamkeiten und Unterschiede zeigt, dass Missverständnisse zwischen Menschen dann passieren, wenn der menschliche Verstand beginnt, Erklärungen dafür zu suchen, was nur geraten werden kann. Mutmaßliche Reaktionen auf Gesagtes oder Getanes wie „Das macht mein Mann, um mir wehzutun" oder „Du willst mich damit nur kränken" sind bezeichnend dafür.

Alltägliche Missverständnisse

Jeden Tag stehen wir vor Situationen, in denen wir Menschen begegnen, die uns nicht verstehen. Missverstanden zu werden bedeutet, sich von seinen Nächsten (Partnern, Freunden, Eltern, Kollegen) ausgeschlossen zu fühlen. Das Gefühl, sich ausgeschlossen zu fühlen, ist entscheidend, nicht die Tatsache, ob das auch tatsächlich der Fall ist. Ein Mensch, der sich allein und missverstanden fühlt, kann sogar sehr stark von anderen geliebt werden, jedoch weiß er in kritischen Momenten nichts mit dieser Liebe anzufangen. Das Grundbedürfnis, geliebt und akzeptiert zu werden, wird aufgrund von Missverständnissen anscheinend nicht gedeckt, es entstehen Spannungen und Unzufriedenheit. Kritisch werden Momente, in denen die körperlichen Spannungen sehr hoch sind, da die Erwartungen des Verstandes nicht erfüllt werden. Dieser Schein, dass Erwartungen nie erfüllt werden können, ist für die betroffene Person jedoch Realität.

Als markantes Beispiel dürfen Familienfeiern genommen werden. Unter dem Aspekt, dass man all jenen Menschen, bei denen man viel empfindet, auch dadurch mehr Macht einräumt, wird deutlich, weshalb Familienfeiern sowohl als besonders schön als auch als besonders belastend empfunden werden können. Weihnachten etwa ist eine Zeit, in der kommuniziert wird, wie wichtig und schön Liebe, Frieden, Harmonie, Toleranz und Geborgenheit sind. Fühlt sich jemand nicht geliebt, so entsteht aufgrund der Botschaft, wie wichtig Weihnachten ist, das Gefühl, nicht dazuzugehören. Der Betreffende fühlt sich missverstanden von der Welt, in der Liebe und Geborgenheit zählen. Jemand, der allein ist, sich nach Liebe sehnt und dauernd sieht, wie wichtig Liebe ist, wird sich nicht verstanden fühlen und ein Gefühl des Unwohlseins sowie innerer Spannung in sich spüren. Nicht verstanden zu werden führt zu körperlichen Spannungen, die gelöst werden müssen. Kann jemand diesen Druck, ausgeschlossen zu sein oder beschämt zu werden, nirgendwo kompensieren, ist sogar Suizid eine willkommene Flucht. So haben sich allein in der Stadt Wien zwischen dem 24. Dezember 2015 und dem 31. Jänner 2016 täglich eineinhalb Menschen umgebracht. Österreich liegt im Weltvergleich mit der Suizidrate seit Jahrzehnten unter den ersten fünf Rangplätzen.

Der Vergleich von zwischenmenschlichen Beziehungen und solchen zwischen Mensch und Hund zeigt, wie viel uns Menschen unbewusst kommuniziert wird. Alles wird uns unbewusst mitgeteilt: wie unser Urlaub aussehen soll, wie die unterschiedlichen Festtage beziehungsweise ein gelungener Einkaufstag gestaltet werden sollen und vieles mehr. Weichen wir von diesen Mitteilungen ab, kann man schon von Missverständnissen sprechen. Freunden und Bekannten gegenüber muss man erklären, weshalb man anders lebt, als es erwartet wird. Es können Spannungen entstehen, die wieder gelöst werden müssen.

Kleine Worte, große Gefühle

Besonders in einer Liebesbeziehung (Ehe) sind existenzielle Missverständnisse häufig anzutreffen. Die Ursache ist wie immer das Miteinander-Reden. Viel zu oft beantworten wir nämlich Worte und nicht die Ursache von Worten. Immer wieder stehen Menschen vor dem Problem, dass die Person, die ihnen am nächsten steht, sie derart beleidigt und kränkt, dass keine Nähe ertragen werden kann. Der Umstand, beleidigt zu werden und gleichzeitig Liebe zu wollen, ist für die Betroffenen meist unangenehm. Sie finden es beschämend. Dennoch müssen sie, wenn sie beispielsweise nebeneinander im Bett liegen oder sich duschen, umziehen etc., die Nähe des anderen dulden. Positiv denken ist in solchen Situationen wenig hilfreich, denn die Nähe ist und bleibt nach einer Kränkung unangenehm. Dieses prekäre Gefühl, beschämt worden zu sein und sich dann vom Partner beobachtet zu fühlen, da dieser mitlebt, wird in manchen Situationen auf den Partner übertragen. Dann herrscht Eiseskälte zwischen beiden oder Gleichgültigkeit, denn jeder fühlt sich im Recht und kann auf seinem Standpunkt beharren.

FALLBEISPIEL: Sex nach Kränkung?

Ein Ehepaar kommt zum Psychologen, da das Problem besteht, dass zumeist die Frau am Abend, nachdem beide nach Hause gekommen sind, ihren Mann kränkt und sich danach wundert, weshalb dieser keine Nähe zulassen kann. Zuerst beschreibt der Mann die Situation:

„Ich komme nach Hause, denke an all das, was ich noch zu tun habe, lege mein Sakko ab und begrüße meine Frau. Danach gehe ich ins Zimmer, um meine Tasche mit Computer etc. dort abzulegen und mich zu ordnen. Das heißt, ich schaue kurz meine E-Mails an und richte mir her, was ich am Abend noch gerne tun oder einfach nur lesen möchte. Anschließend würde ich gerne gemeinsam zu Abend essen und mit meiner Frau Zeit verbringen, bis ich schließlich kurz vor dem Schlafengehen noch etwas arbeite und mich daraufhin ins gemeinsame Schlafzimmer begebe. In letzter Zeit kommt es oft vor, dass sie mir vorwirft, dass ich nicht zu ihr nach Hause komme, sondern gleich in mein Arbeitszimmer gehe. Wir haben noch keine Kinder und uns zwingt nichts. Dennoch meint sie, ich wäre fad, müde, schlaff, würde sie nicht sehen und auch nicht begehren, wenn ich nicht gleich Zeit mit ihr verbringe. Ich verstehe also nicht, warum sie mich beschimpft, nur weil ich meinen gewohnten Abläufen nachfolge. Diese Kränkungen haben einen nachhaltigen Einfluss auf unsere Beziehung, denn ich habe dann keine Lust, sie zu küssen oder zu berühren, nachdem sie mich so beschimpft hat."

Die Frau schildert die Situation so: „Ich bin meist schon früher zu Hause und versuche, uns einen schönen Abend vorzubereiten. Wenn er nach Hause kommt, habe ich den Haushalt meist schon gemacht und ich freue mich auf ihn. Wenn er dann gleich in seinem Arbeitszimmer verschwindet und wieder seine E-Mails checkt, wie in der Arbeit, fühle ich mich nicht wohl. Und wenn ich ihm das dann sage, ist er jedes Mal so gekränkt, dass er nicht einmal neben mir einschlafen möchte. Ich liebe ihn und ich mag ihn und wir kennen uns schon so lange, aber dass er keine Leidenschaft und kein Interesse für mich hat, mag ich einfach nicht. Wir haben noch keine Kinder und ich frage mich, ob er, wenn wir welche haben, genauso sein wird. Werden ihn seine Kinder viel sehen, wenn er nach Hause kommt?"

Was kann man aus dieser Situation für sich schließen, um nicht enttäuscht aus dieser Kommunikation herauszugehen? Die größte Bedeutung liegt wohl darin, dem unangenehmen Gefühl, das auftritt, keinen Widerstand zu bieten. Ein Gefühl ist immer richtig, so wie ein Wegweiser. Es wäre also falsch, sich gegen dieses unangenehme Gefühl des Ehepartners zu wehren. Denn diesen Widerstand kommuniziert man dem anderen. Das, was dem anderen vorgeworfen wird, ist kaum Thema. Die Kränkung steht im Raum und nicht die Frage, welches Verhalten das Zusammenleben harmonischer macht.

Um sich als Paar nicht immer nur mit Kränkungen zu beschäftigen, musste zunächst die Frage geklärt werden, ob der Mann verstehe, was die Frau von ihm wolle. Er konnte es verstehen, sah jedoch nicht ein, weshalb er sein Verhalten ändern sollte. Es falle ihm schwer, seine Sachen ungeordnet stehen zu lassen und sich erst am späten Abend mit dem Ausräumen seiner Tasche und den E-Mails zu beschäftigen, um sich zuerst seiner Frau zu widmen. Seine Frau habe ja mehr Zeit und lebe schon im „Privatmodus".

Die Diskussion führte letzten Endes dazu, dass er versuchen wollte zu tun, was seine Frau von ihm verlangte. Von der Ehefrau wurde erwartet, dass sie eine Zeit lang lernt, sein Unwohlsein und seine Ungeduld auszuhalten, wenn er auf ihre Bedürfnisse eingeht. So war es zunächst unangenehm, aufeinander einzugehen, jedoch änderte sich dieses Unwohlsein. Nach circa drei Monaten erst konnte der Mann zufrieden seinen geänderten Rhythmus leben.

Missverständnis Nummer eins: Verstehen heißt Rücksicht nehmen

Aufgrund der Tatsache, dass Menschen Mitgefühl füreinander haben und entwickeln, lernen wir, Rücksicht zu nehmen, wenn es jemandem schlecht geht. Durch dieses Mitgefühl lernen wir auch bis zu einem gewissen Grad, Verantwortung für die Bedürfnisse des anderen Menschen zu übernehmen. Und wir lernen gleichzeitig, dass wir Hilfe bekommen, wenn das nötig ist. Unklar beziehungsweise undefiniert bleibt jedoch die Frage: Ab wann ist Rücksichtnahme nötig? Ab welchem Zeitpunkt müssen wir Verantwortung für die Bedürfnisse anderer übernehmen?

Dies hängt davon ab, wie rasch wir die Eigenverantwortung abgeben und wie rasch wir etwas fordern. Damit jemand Mitgefühl entwickeln kann, ist es notwendig, etwas von sich zu zeigen, preiszugeben. Wer beispielsweise Rücksichtnahme oder Unterstützung fordern möchte, muss einen Mangel oder ein Defizit kommunizieren. Aus der Mitteilung eines Mangels lässt sich nämlich eine Erwartung, eine Hoffnung, ein Wunsch ableiten. Dies ist jedoch Interpretationssache. Von dem, dem ein massiver Mangel kommuniziert wird, erwartet man jedoch, dass er die Sachlage richtig interpretiert. Es wird also Rücksichtnahme gefordert, indem wir erklären, wie es uns geht. Denn das Wissen, wie es dem anderen geht, kann mit Akzeptieren verbunden werden. Das Ziel des Verstehens muss somit klarer definiert werden. Möchte ich, dass jemand Rücksicht nimmt, so muss ich Rücksicht fordern, nicht Verständnis. Eltern wissen, wenn man von Kindern etwas fordert, ist es nur wichtig, dass sie tun, was man will. Ob gern oder nicht gern, ob verständnisvoll oder nicht, spielt dabei keine Rolle. Möchte ich als Vater, dass meine Tochter etwas lernt, schicke ich sie in die Schule. Der Wille des Kindes allein zählt nicht.

Ein Mensch, der einen Mangel kommuniziert, eine Erwartung hat und Lösung vorschlägt, hat oft auch die Art und Weise, wie etwas gelöst werden soll, im Kopf. Doch jeder Mensch löst Probleme anders.

FALLBEISPIEL: Geld als Lösung von Problemen

Ein 40-jähriger Mann kommt mit seinem Vater in die Praxis. Der Sohn klagt über Arbeitslosigkeit und massive Geldprobleme. Er weiß jedoch, wie man gut leben kann. Er betont, dass er nicht depressiv oder ein Alkoholiker werden möchte, sondern dass er versuchen will, seine Ideen zu verwirklichen. Beispielsweise möchte er künftig viel fotografieren. Der Vater verfügt über genügend Geld – die Fotoausrüstung ist bereits gekauft worden –, aber er hat das damit verbundene Problem nicht verstanden. Im Gespräch betont der Vater, er wisse, dass sein Sohn nicht gut mit Geld umgehen könne. Daher möchte er bei den Kaufentscheidungen dabei sein und seinem Sohn kein Geld geben, da könne er es gleich aus dem Fenster werfen. Dass sein Geld zum Leben reiche, verdanke er seiner Fähigkeit zu wissen, wie man es zusammenhält. Diese Ansicht stellt das eigentliche emotionale Problem zwischen beiden dar, das den Sohn dazu veranlasst hat, mit seinem Vater zur psychologischen Beratung zu kommen.

Wird kommuniziert, dass der andere Rücksicht nehmen soll, muss man bedenken, dass man damit nicht ausdrückt, was man eigentlich braucht. Das Wort Rücksicht allein genügt nicht, um die Erwartungen des anderen erfüllen zu können. Dieses kurze Beispiel macht deutlich, dass das Problem zwischen den beiden nur deshalb erwachsen konnte, weil sich der Sohn von seinem Vater nicht ernst genommen fühlte. Er bat den Vater, den er als sehr dominant und herrscherisch bezeichnete, ihn zum Psychologen zu begleiten. Mit seinen über 70 Jahren war der Vater noch nie bei einem Psychologen gewesen, weil er wenig davon hielt. Ziel des Besuches der Praxis und der Diagnose war die Akzeptanz der Tatsache, wie der Vater das Problem des Sohnes löste, und vor allem die Erkenntnis, dass der Vater sehr wohl den Sohn ernst nahm und ihn auch sehr schätzte. Dies konnte jedoch erst erkannt werden, als die emotionale Reaktion des Sohnes überwunden wurde.

Umgang mit Missverständnissen

Der Umgang mit Missverständnissen kann unterschiedlich erfolgen: durch Alkohol, Drogen, Streitigkeiten, Scheidung, Klagen, Krankheit. Neue Umgangsformen beginnen nicht damit, dass ein neues Verhalten probiert wird, sondern damit, den emotionalen Druck rasch loszuwerden, sei es die Wut, die Enttäuschung, die Trauer, das Misstrauen usw. Da Kommunikation immer beinhaltet, etwas von seiner Identität, von seiner Seele zu zeigen, ist es stets schmerzhaft, wenn Hoffnungen oder Erwartungen, die man in Menschen setzt, missverstanden werden. Der Umgang mit Missverständnissen ist deswegen so wichtig, weil man den Umstand, nicht verstanden zu werden, häufig auf die eigene Seele bezieht. Es betrifft etwas so Wesentliches, dass wir immer aufs Neue überlegen müssen, wie wir mit Zurückweisung umgehen. Immer aufs Neue heißt also, in jeder Situation mit jeder neuen Herausforderung, die sich im Leben stellt. Wir können daher nicht erwarten, dass wir einmal etwas gelernt haben und damit hat sich das Problem gelöst.

Mit jedem Entwicklungsschritt stellt sich das Problem des Verstandenwerdens erneut. Zu Beginn müssen uns die Eltern verstehen und wir können Verantwortung und Schuld auf die Erziehung projizieren. Je älter wir werden, desto mehr liegt diese Verantwortung zunächst bei uns selbst. Kaum sind wir selbst Eltern, kann aus dieser Verantwortung eine Schuld werden. Mit einem Schlag wird man beschuldigt, für die Fehlentwicklung eines

Menschen verantwortlich zu sein, weil man diesen anscheinend nicht verstanden hat. Jene Schuld ist in Form von Spannung spürbar. Kinder profitieren von der Spannung ihrer Eltern, denn sie wissen, viele Eltern wollen die Schuld loswerden. Die Spannung kann gelöst werden, indem beispielsweise etwas gekauft, etwas ermöglicht, etwas Schlimmes verhindert wird. Unsichtbar entsteht ein Verhalten, durch das die Spannung ausgelöst wird. Entsteht Spannung aufgrund einer Verantwortung beziehungsweise Schuld, die Eltern gegeben wird, ist aus psychologischer Sicht diese Spannung anders aufzulösen. Selbst wenn man etwas kauft, darf das ohne Spannung geschehen und man soll Freude dabei erleben, etwas zu ermöglichen. Sich von etwas freizukaufen löst nur kurz die Spannung.

Auch in der Kommunikation zwischen Eltern und Kind ist darauf zu achten, dass eine entstandene Spannung aufseiten der Eltern nicht die Eigenverantwortung der Kinder beeinträchtigt. Lernt etwa ein Mädchen, dass sein Vater und seine Mutter immer alles kaufen und ersetzen, wenn etwas kaputt oder verloren geht, so ist es sehr verlockend, die Verantwortung für Gegenstände wie das Handy zu delegieren. Das Kind kann durch abgegebene Verantwortung lernen, auch als Erwachsener später in der Ehe dieses Verhalten weiterhin zu praktizieren. So wird der künftige Ehemann dafür verantwortlich gemacht, dass Gegenstände verfügbar sind. Es ist ein Wert, der weitergegeben wird, auch Verantwortung zu übernehmen kann als Wert bezeichnet werden. Solange die Beziehung gut geht, wird aufgrund dieser Verantwortung keine Spannung entstehen. Kommt es dann jedoch zur Scheidung und bleibt diese Verantwortung selbstverständlich, kann ein enormer Streit ausbrechen, der die Frage der Verantwortung klären soll. Aus einer Selbstverständlichkeit wird plötzlich ein Missverständnis.

Mit Missverständnissen wird also so umgegangen, wie man es in seiner Kindheit erfährt. Erst durch die Möglichkeit, Sachen zu hinterfragen, können wir diese Verhaltensweisen ändern. Da diese Prozesse jedoch unbewusst sind, wiederholen sich oft Probleme von Generation zu Generation. Häufig trifft man als Psychologe Menschen, die beschreiben, dass deren Beziehungen sie stark an die Beziehung ihrer Eltern erinnern. Zum Beispiel sind Frauen, deren Väter Alkohol getrunken haben, oft auch mit trinkenden Männern liiert. Das bedeutet nicht, dass die Beziehung der Eltern schuld daran ist, sehr wohl aber, dass Kommunikationsmuster unhinterfragt übernommen und deswegen ähnliche Beziehungen eingegangen werden.

Daher ist es nötig, klar zu definieren, was man von jemandem möchte, ohne Schuldzuweisung, ohne emotionale Schwere, die automatisch auf Widerstand des Gegenübers stoßen muss. Mit einem langen, tragischen Seufzer zu sagen: „Ich wünsche mir, dass du einmal ruhig bist" klingt anders als beispielsweise: „Setze dich neben mich und halte meine Hand."

Humor kann als eine weitere Möglichkeit betrachtet werden, die Spannung von Missverständnissen aufzulösen. Oder auch um abzuklären, ob Beziehungsziele erreicht werden können. Möchte ein Mann etwas von einer Frau, bei der er sich nicht sicher ist, ob sie etwas von ihm möchte, so kann er mit Humor sagen: „Wir können ja gemeinsam baden." Wird diese locker dargestellte Forderung überhört, muss es gar nicht erst zum Missverständnis kommen, denn die Erwartungen werden zurechtgerückt.

Zum Lösen von Problemen oder Missverständnissen benutzen Menschen sowohl Worte als auch Gesten. Entweder zeigen wir Gefühle (u. a. durch Weinen, Drohen, Frustessen) oder wir kommunizieren dem anderen körperlich, was wir von ihm/ihr halten (u. a. Halten, Schlagen, Anstarren, Vermeiden, Wegdrehen, auf die Schulter klopfen). Worte, Mimik und Gestik sind Prozesse, die parallel verlaufen.

Um inhaltliche Diskussionen führen zu können, müssen zuerst emotionale Barrieren beseitigt werden. Bis eine Diskussion erfolgt, steigt körperliche Spannung stetig an. Werden Erwartungen in einer Beziehung wie der Ehe nicht erfüllt, entsteht im Menschen, dessen Erwartungen nicht erfüllt werden, eine Spannung, die als Frust bezeichnet werden kann. Dies kann auch zu Aggressionen führen. Erst wenn ein Problem angesprochen wird, stellt das den Beginn von Harmonie dar.

Auch an der Beziehung mit einem Hund lässt sich erkennen, wie Missverständnisse gelöst werden. Ist ein Hund etwa nicht stubenrein und schlägt man ihn, weil er wo hinmacht, so lernt er nicht, nach draußen zu gehen, um sein Geschäft zu verrichten. Zusätzlich stellt sich das Problem, dass er Angst vor Schlägen hat. Wenig erfolgreich ist hier auch der Versuch, mittels Sprache oder Ähnlichem die Aufmerksamkeit des Hundes wecken zu wollen, wenn das Ungeschick passiert ist und ich es erst später entdecke, weil der Hund nur im Moment verknüpfen kann und nicht verzögert. Den Zusammenhang mit dem Häufchen kann man erst herstellen, wenn man den Hund beim Häufchen erwischt und ihn direkt ins Freie führt. Ziel der Erziehung ist es, dem Hund anhaltend zu zeigen, wohin das Häufchen gehört.

Umgelegt auf die menschliche Beziehung bedeutet das, viel mehr Wert darauf zu legen, was einem wichtig ist, und nicht, dem anderen zu zeigen, was er/sie alles falsch macht. Der Umgang mit Missverständnissen kann also darin resultieren, dass man sich gegenseitig niedermacht oder sich gegenseitig wertschätzt.

Umgang mit Erinnerung

„Keiner soll wissen, was ich erlebt habe." Denkt man in einer Beziehung solch einen Satz, so kommuniziert man, dass man etwas zu verbergen hat. Man teilt diesen Umstand nur dadurch mit, dass ein Gefühl von Unklarheit in der Beziehung besteht. Es ist lediglich eine Art Ahnung. Die Stimmung wird durch eine Erinnerung beeinflusst. Hat man etwas zu verbergen, so ist für den Partner unklar, weshalb man eine gewisse Stimmung hat oder diese fehlt.

Missverständnisse können auch entstehen, wenn ein Mensch in seiner Vergangenheit unangenehme Erfahrungen gesammelt hat, die durch Worte, Gerüche oder Berührungen ausgelöst werden. Erinnerungen werden nicht nur im Gehirn gespeichert, sondern auch mit dem Körper. Dies ist eine nicht krankhafte Tatsache, die jeder Mensch erlebt. Passiert jedoch etwas Traumatisierendes im Leben, zum Beispiel durch Missbrauch, so schafft es die Psyche, dieses Ereignis so lange zu verdrängen, bis durch irgendeine Handlung oder ein Wort der Körper signalisiert, dass etwas nicht in Ordnung ist. Das Missverständnis im Miteinander-Reden entsteht dadurch, dass der Mensch, der eine unangenehme Erinnerung auslöst, eine menschliche Reaktion erlebt, die unangemessen erscheint.

Wir Menschen verfügen über Erinnerungen, die wir aus unserem Bewusstsein verdrängen können: unbewusste Gedächtnisinhalte. Das bedeutet, dass wir manche Sachen, die wir erlebt haben, nicht mehr wissen, dass sie uns jedoch beeinflussen. Aus psychologischer Sicht hat das Unterbewusstsein die Aufgabe, das Bewusstsein und damit den Verstand vor Überforderung zu schützen. Traumatische Erlebnisse, die so furchtbar sind, dass man sie verdrängen kann, sind zum Beispiel Vergewaltigung, massive Beschämung oder Unfälle.

Kommunizieren wir mit Menschen, die etwas wirklich Traumatisches erlebt haben, kann es sein, dass wir Reaktionen spüren, die wir nicht wirklich zuordnen können. Diese Reaktionen werden zu Missverständnissen führen, wenn man versucht, Klarheit darüber zu erlangen, warum man nicht verstanden wird. Denn die Reaktion läuft auf einer derart subtilen Ebene, dass nicht der Eindruck entsteht, der Mensch muss sich vor etwas schützen, sondern jener ist sehr schnell gekränkt, beleidigt, respektlos und unachtsam.

Wie bei allen anderen kommunikativen Missverständnissen bleibt auch hier nur die Möglichkeit, das übermittelte massive Gefühl, welches dem Missverständnis zugrunde liegt, nicht zu übernehmen, um damit umgehen zu können. Stößt man auf massiven Widerstand aufgrund einer Lappalie, lohnt es sich, zu sagen: „Ich glaube, ich habe mich komplett falsch ausgedrückt, ich versuche es anders." Denn das Ziel soll ja sein, verstanden zu werden, und nicht, die Probleme anderer therapeutisch aufzuarbeiten. Nur in einem psychotherapeutischen, psychiatrischen, ärztlichen oder psychologischen Rahmen lohnt es sich, mit diesem Widerstand zu arbeiten und herauszufinden, was der Körper verheimlichen will.

Wie kann derjenige reagieren, in dem eine unangenehme Reaktion ausgelöst wird? Man könnte, sofern der Gesprächspartner nicht über die Vergangenheit Bescheid wissen soll, ganz locker sagen: „Ich musste gerade an etwas Komisches denken. Kannst du die Frage bitte anders wiederholen?" Oder: „Ich war gerade nicht bei der Sache. Wie lautete das Thema?" Wichtig in einer Beziehung ist, mit großem Respekt vor dem anderen klarzustellen, dass man gerade nicht bei der Sache war und nicht zuhören konnte. Übergeht man ein Missverständnis und tut so, als wäre nichts gewesen, kann Unklarheit in der Beziehung entstehen. Ist die Beziehung derart intim und nah, ist es sehr wohl möglich, dem Partner zu sagen, woran man sich erinnert. Es ist dann sogar hilfreich, denn das psychoanalytische Ziel „erinnern, um zu vergessen" gilt nicht nur in der Psychoanalyse, es ist mit jeder Vertrauensperson möglich.

Finde den richtigen Partner

Kommunizieren bedeutet immer auch zu zeigen, wer man ist. Und die Darstellung der eigenen Person findet stets auch über den Partner statt. Nüchtern betrachtet stellt sich also die Frage, wer man ist, wenn man beispielsweise als erfolgreicher, gut aussehender, sportlicher Mann eine übergewichtige Frau hat. Was zeige ich hierdurch anderen Menschen von mir? Was sagen die anderen über mich? Oder umgekehrt: Was zeigt eine schlanke, sportliche, attraktive Frau von sich, wenn sie sich einen 40 Jahre älteren, übergewichtigen Mann nimmt?

Mit Vorurteilen behaftet, sagt dies aus: Das kann doch nicht Liebe sein, oder: Die ist sicher unglücklich mit dem Mann!

Unabhängig davon, was andere denken oder wie andere darüber reden – die dürfen das! Die einzige Antwort auf solche Behauptungen wäre: „Das ist bitter, wie sie über mich reden."

Doch wie sollen wir mit der Betroffenheit, mit dem Druck, der in uns entsteht, umgehen? Wir kommen gar nicht erst auf die Idee zu denken: Ich stehe zu meiner Meinung, zu meiner Überzeugung und zu mir. Wir vermuten sofort, wenn etwas nicht zusammenpassend wirkt, da herrscht keine Harmonie, da ist jemand unausgeglichen. Weshalb? Weil hier jemand kommuniziert, dass er etwas mag und zu etwas steht, das nicht dem gesellschaftlichen beziehungsweise dem eigenen Ideal entspricht.

Natürlich könnte man argumentieren: „Gegensätze ziehen sich an", jedoch bringt dieses Argument noch keine Entspannung. Wenn in einer ländlichen Gegend die Tochter eines Bauern mit einem Schwarzen nach Hause kommt, so wird dies den Kommunikationsprozess innerhalb des Dorfes beeinflussen. Es kann sein, dass hier ein neuer Wert innerhalb der dörflichen Gesellschaft entsteht, weil man sich vorher damit nicht beschäftigt hat. Nicht, weil man gegen etwas sein muss, sondern deshalb, weil man mit etwas konfrontiert ist, das bis dahin nicht notwendig war. Je mehr diese Tochter zu ihrer Partnerwahl steht und auf diese stolz ist, desto eher können auch Nachbarn, Bekannte und Verwandte den Partner kennenlernen und akzeptieren. Entsteht ein Druck aufgrund von Unsicherheit, spüren alle Nachbarn ebenfalls diesen Druck und die Unsicherheit wird nicht aufgelöst.

Den richtigen Partner zu finden sollte doch ein Kinderspiel sein. Doch woran sollen wir uns orientieren – an allgemeingültigen Werten, an Liebe oder daran, ob der Partner/die Partnerin zu uns passt? Wir werden alle mit der Fähigkeit zu menschlichem Mitgefühl geboren, im Sinne einer natürlichen Gehirnfunktion, die entwickelt werden muss. Das bedeutet: Wir können dem anderen zeigen, dass wir ihn lieben, verstehen und akzeptieren, weil wir nachvollziehen können, wie es ihm geht. Wir haben Mitgefühl und müssen nur lernen, mit dem Gefühl umzugehen.

Was bedeutet dies für die Kommunikation? Wir spüren, wie es dem anderen geht, ob er etwas akzeptiert, ablehnt, versteht oder nicht versteht, und wir orientieren uns daran. Dieses angeborene Mitgefühl ist bereits ein Teil von Kommunikation, ein Teil der Verbindung zwischen zwei Menschen. Ein kleiner Teil – nämlich jener, ob ich zeige, dass ich Mitgefühl habe, oder ob ich das Mitgefühl nicht zeige. Denn bereits das Zeigen von Mitgefühl wird als Akzeptanz interpretiert, auch wenn man strikt gegen diesen Menschen ist. Dadurch gehen wir schon eine Beziehung mit einem Menschen ein, selbst wenn dies gar nicht gewollt ist. Darin besteht auch die Gefahr von Mitgefühl. Je größer der Eindruck von Akzeptanz und Verständnis ist, desto größer die Information über die eigene Identität. Rein theoretisch müsste es genügen, darauf zu achten, ob man akzeptiert und verstanden wird, um dann eine Beziehung einzugehen oder nicht. Doch wir Menschen sind noch etwas feinfühliger, denn wir begegnen zahlreichen Menschen und versuchen viele Verbindungen herzustellen. Wir müssen ja darauf achten, welchen Platz in der Gesellschaft wir haben, und wie wir wahrgenommen werden, hängt eben auch davon ab, wen wir zum Partner haben. Denn einen Partner zu wählen heißt nicht nur, den anderen zu verstehen, sondern auch, der Welt zu zeigen, wer ich bin.

Beuteschema oder nur ich selbst?

Kommunikation geht also so weit, dass ich allein durch die Wahl meines Partners etwas von mir zeige. Und ich zeige natürlich immer nur, was ich will. Wenn ich nichts von mir zeigen will, zeige ich, wie ich mir meinen Partner vorstelle – ich zeige mein Beuteschema. Das heißt, ich zeige, was ich positiv bewerte. Wenn ich unsicher bin, brauche ich jemanden, der beispielsweise Geld und Sicherheit bietet. Wenn ich nicht Nein sagen kann, nehme ich jemanden, der für mich entscheidet. Wenn ich gegen etwas bin, suche ich mir einen Menschen aus, der auch den Gegensatz zu dem darstellt, gegen das ich bin. Es ist also wichtig, zu sich selbst zu stehen, um bei der Wahl des Partners frei zu bleiben. Frei, sich für die Liebe zu entscheiden und nicht für die Symbole, die ein Mensch verkörpert.

Die Schwierigkeit liegt darin, dass ich meine Partnerwahl mit Zielen verbinde und mir so ein Schema zurechtlege. Anhand dessen wähle ich Menschen aus. Die Gefahr von Zielen besteht darin, dass jener Mensch, der einem Schema entspricht, nicht ganzheitlich gesehen wird. Jemand, der sehr mutig ist, wird es nicht ertragen, wenn er sich feig zeigt. Es ist also wesentlich, alles kommunizieren zu können und keine Tabus, im extremen Fall Fetischismus oder Ähnliches, entwickeln zu müssen. Kommunikation spielt bei der Entwicklung des Selbst eine wesentliche Rolle, denn alles, was ich nicht kommunizieren kann, ist anscheinend nicht hier.

Wann haben diese Überlegungen zur Partnerwahl Gültigkeit? Gleich zu Beginn einer Beziehung oder erst, wenn ein Problem in der Beziehung auftaucht? Aus psychologischer Sicht ist man sehr mit den Schicksalen jener Menschen konfrontiert, die zur klinischen Beratung kommen, die Hilfe suchen. Viele sind Beziehungen eingegangen, in denen sie sich nicht glücklich fühlen, da sie nicht der/die sein können, die er/sie sind. Jahrelang beispielsweise wohnen Frauen mit Männern zusammen, die sie schlagen, mit Alkoholikern oder Partnern, die sie betrügen. Umgekehrt verhält es sich genauso. Relativ rasch stellt sich, wenn man über die Qualität der Beziehung nachdenkt und neue Wege findet, die Frage: Wie habe ich das so lange aushalten können? Die Antwort liegt darin, dass das Beuteschema immer eine Rolle spielt. Tabuthemen oder Lebensumstände wirken beschämend, daher möchte man das nicht kommunizieren, auch nicht dem unangenehmen Partner.

Wird die Kommunikation zweier Menschen mit einer Leine verglichen und haben wir es in so unangenehmen Beziehungen mit einer sehr angespannten Leine zu tun, liegt die Spannung in der Scham oder der Schuldfrage. Abhängigkeit, Co-Abhängigkeit, Täter/Opfer – all das sind auch Aspekte von Kommunikation. Nichts kann bei einer angespannten Beziehung den Kommunikationskreislauf unterbrechen. In der Psychologie gilt: Was ich heute denke, fühle ich morgen. Somit werden Spannungen sehr leicht ausgelöst und nur durch das Wiederholen von Verhaltensabläufen abgebaut. Dies kann sein, indem ein Täter in die Täterrolle hineingedrängt wird, ein Opfer in die Opferrolle usw. Solange dieser Kreislauf nicht unterbrochen wird, bleibt die Beziehung unverändert aufrecht. Viele Paare sagen dann: „Beziehung kann man das sowieso nicht nennen, eher eine Qual ..."

Rassemerkmal statt Beuteschema beim Hund

Bei der Wahl des Hundes steht ebenfalls die eigene Person im Vordergrund, jedoch nicht so sehr die Entwicklung des Selbst mit Scham und Tabu. Es wird darauf geachtet, welche Rasse zur eigenen Person passt. Aufgrund der nicht kommunizierten Bedürfnisse wird die Spannung in der Beziehung zwischen Mensch und Hund nie so intensiv werden können. Rassemerkmale sind bei der Wahl wichtig, jedoch nicht zu vergleichen mit dem sogenannten Beuteschema, das wir bei der Auswahl des Partners, der Partnerin anwenden.

Beziehung als Gefängnis

Wenn die Gefahr von Mitgefühl darin besteht, dass allein durch das Zeigen von Mitgefühl sich eine Beziehung öffnet, ist die Folge, dieses zu verbergen. Denn nicht immer wollen wir mit Menschen, mit denen wir mitfühlen, auch eine Beziehung haben. Wir lernen also, dass mit viel Mitgefühl eine hohe Spannung einhergeht. Kaum haben wir Mitgefühl für einen Menschen, kann es wie eine Gefangenschaft sein. „Ich kann ihn doch nicht kränken", „Er ist so allein", „Sie wird sich etwas antun", „Er kommt ohne mich nicht zurecht", „Sie wird einen anderen haben" – all das sind Gedanken eines Menschen, der eng mit einem anderen verbunden ist, sich eventuell sogar an diesen gekettet fühlt. Doch wie entsteht diese Verbindung, die unter Spannung steht? Mitgefühl: Man versetzt sich in die Lage des anderen und fühlt, wie sich eine Situation anfühlt. Erst wenn man auf dieses Gefühl reagiert und sich daran orientiert, steht die Beziehung unter Spannung. Lässt man die Gefühle bei dem jeweils anderen und antwortet etwa gelassen und gut gelaunt: „Oje, ich sehe, dir geht es heute nicht so gut, also gehe ich alleine weg", so bleibt die Spannung bei dem, der sie zuerst hatte.

Jede Beziehung kann angespannt sein – Freundschaftsbeziehung, Arbeitsbeziehung, Liebesbeziehung. In jeder Beziehung kann das Mitgefühl ausgedrückt werden, ohne dass Spannung untereinander entsteht. Wichtig ist zu lernen, wie man erkennt, dass man sich am Druck anderer orientiert und nicht mehr am Inhalt. Beispielsweise kann ein Vorgesetzter, der es eilig hat, einen Mitarbeiter mit seiner Hektik anstecken. Dieser könnte jedoch mitfühlend sagen: „Gut Ding braucht Weile, ich tue, was ich kann. Verlass dich auf mich." Hier wird inhaltlich klar, dass die Arbeit erledigt wird, jedoch ohne Druck und ohne Stress. Den hat wirklich nur der Vorgesetzte, der eventuell etwas zu eilig zugesagt hat oder der sich seinerseits wiederum von Kunden unter Druck setzen ließ.

Liebe als Gefängnis

Besonders stark kann der Druck zwischen Menschen werden, die sich sehr nahe sind, die sich lieben. Der eifersüchtige Ehemann ist imstande, enormen Druck auf seine Frau auszuüben. Das kann so weit gehen, dass er von ihr verlangt, keine anderen Männer anzuschauen. Sie wird jedes Mal, wenn sie mit ihm unterwegs ist, zu Boden blicken. Das Gefühl der Harmonie und Freiheit fehlt jedoch. Er kann jenen Druck aber nur ausüben, weil die Frau es zulässt. Sie hat Mitgefühl und orientiert sich an seiner Spannung. Sobald sie sich danach richtet, gerät sie, ohne sich dessen bewusst zu sein, in eine Opfer- und er in eine Täterrolle. In diesen Rollen ist das Mitgefühl korrekt. Denn sie fühlt richtig, seine Abwesenheit bringt Entspannung. Das spürt auch der Ehemann, weil auch er Mitgefühl hat. Für ihn als sogenannten Täter wirkt jedoch genau dieses Gefühl spannungsverstärkend. Er zieht leider die falsche Schlussfolgerung, dass ein anderer Mann zur Harmonie führt. Bleibt er zu lange bei dieser Gedankenweise und übt hierdurch zu viel Druck aus, hat er früher oder später leider recht. Denn nur ein anderer Mann kann diesen Druck beseitigen.

Es ist deswegen wichtig, dem Mitgefühl Widerstand zu bieten, Nein sagen zu lernen, wenn es darum geht, die Wünsche des Partners auf Kosten eigener Wünsche zu erfüllen. Das heißt nicht, das Mitgefühl zu ignorieren, sondern ganz bei seinem eigenen Gefühl zu bleiben und sich nicht vom Mitgefühl stressen zu lassen. Betrachtet man das Mitgefühl mit dem Partner als Wegweiser dafür, was man tut und was nicht, hat man in der Kommunikation bereits verloren, denn man muss erklären, weshalb man etwas tut, obwohl man doch genau weiß, wie sich der andere fühlt. Es ist darauf zu achten, was bei einem selbst ausgelöst wird. Habe ich also Mitgefühl und verspüre aber gleichzeitig, dass mir ein Mensch nicht guttut, so ist es empfehlenswert, kein Mitgefühl zu zeigen. Sonst entsteht aus einer freien Liebe eine unfreie Beziehung, die die Liebe vergehen lässt. Am Beispiel der Mensch-Hunde-Beziehung wird deutlich, was hiermit gemeint ist.

Mitgefühl oder Egoismus?

Die große Schwierigkeit des Mitgefühls liegt folglich darin, dass es mit vielen Menschen nicht einmal möglich ist, eine ablehnende und gleichzeitig akzeptierende Beziehung einzugehen. Hiermit ist gemeint, dass Kommunikation mit Zielen verbunden sein kann. Beispielsweise können Männer, die mit Frauen reden, gleich auf die Idee kommen, mit ihnen ins Bett gehen zu wollen. Ein Ziel, das jegliche weitere Kommunikation mit einer Art Spannung füllt. Oder junge Erwachsene, die nur mit ihren Eltern ein Gespräch anfangen, um einen Wunsch erfüllt zu bekommen: Geld, Schuhe, Kinokarten etc. Auch hier wirkt eine Spannung, die immer größer wird, je weiter das Ziel von der Erfüllung abrückt.

Diese Ziele sind oft unbewusst, sowohl bei Männern als auch bei jungen Erwachsenen. Manchmal werden Beziehungen eingegangen, um dem Selbstwert eine Bestätigung zu bieten und nicht, weil man den anderen Menschen mag. Möchte man sich selbst nicht stressen lassen von den Wünschen anderer, ist es wichtig, die Kommunikation offen und klar zu gestalten. Alles, was ich spüre, was nicht zu mir gehört, muss dem anderen zurückgegeben werden, sonst entsteht in mir wieder Spannung. Ich muss also lernen, „Nein" oder „Ja, aber ..." zu sagen. Also in etwa eine „Schön, dass du mich magst, aber ich bin vergeben und bitte suche dir eine andere für deine intimen Bedürfnisse"-Beziehung oder auch eine „Ich akzeptiere dich, aber wir arbeiten nur zusammen"-Beziehung.

Auch diese Verbindung ist verglichen damit, dass manche Menschen überhaupt keine Verbindungen zulassen, eine intensive Verbindung. Eine intensive, offene und klare Verbindung verliert jedoch nie den Respekt vor dem anderen, deswegen ist auch eine Zurückweisung nicht das Ende einer Beziehung. Keiner von beiden verliert das Gesicht. Die Beziehung bleibt offen und allein die Tatsache, dass hier ein „Nein danke" gesendet wird, gilt als Signal weiterzureden, da mit diesem Menschen zumindest eine Verbindung besteht. Respektiere ich als Mann ein Nein vonseiten der Frau, wenn es um Sex, oder als Teenager vonseiten der Eltern, wenn es um Geld geht, nicht, endet die Kommunikation nur dann, wenn nichts mehr gesendet wird. Nicht mal ein Nein. Denn auch das Signal eines deutlichen „Neins" kann allein deswegen ignoriert werden, weil sich ein einsamer Mensch wie ein Hund über jedes Signal freut.

Freie Liebe oder goldener Käfig?

Was muss man sagen, wenn man sich in einen Menschen verliebt? Beachtet man die Grundlagen von Kommunikation, so kann man ruhig bleiben: Es ist egal, was man sagt. Wichtig ist, dass man sich traut, sich zu blamieren. Denn Kommunizieren heißt, dem anderen etwas von sich zu zeigen. In der Liebe bedeutet das, dem anderen auch seine Schwächen zu offenbaren, die man sonst allen anderen nicht zeigt. Auch die starke Sympathie, die man für jemanden hat, ist eine Art Schwäche. Wenn man also nicht weiß, ob der andere einen auch liebt, riskiert man eines der mächtigsten Gefühle: die Scham.

Eine Partnerin, einen Partner zu finden bedeutet nicht nur, auf die große Liebe zu warten und sich dann sofort zu verlieben, zu heiraten und Kinder zu bekommen, sondern es bedeutet vor allem auch, seine eigenen Vorstellungen von sich selbst neu zu überdenken. Wer bin ich und wer passt zu mir? Und mit wem zeige ich mich? Diese Fragen können einen inneren Konflikt auslösen und Beziehungen verhindern oder einschränken. Weshalb? Weil die Art und Weise, wie ich mich sehe, mitbestimmt, wie ich mich verhalte und was ich erwarte. Eine Beziehung mit einem Menschen einzugehen beginnt damit, eine Verbindung herzustellen. Diese unsichtbare Verbindung oder Leine kann beginnen, indem ich an jemanden denke, jemanden ansehe, berühre, etwas von ihm/ihr erwarte oder erhoffe. Der eine Teil dieser Verbindung geht von mir als Sender aus, der andere Teil geht von einem Empfänger aus. Je intensiver eine Beziehung, desto mehr bedeutet das, andere Beziehungen weniger intensiv zu gestalten. Das kann heißen, dass in den anderen Beziehungen mehr Spannung entsteht.

FALLBEISPIEL: Wer lässt Liebe frei – Mutter oder Ehefrau?

Eine Patientin berichtet, dass sie ihren Mann jung kennengelernt hat. Zu jener Zeit war ihr jetziger Mann „Mamas Liebling" und hat seine Mutter wöchentlich besucht. Es stellte sich bald heraus, dass die Schwiegermutter wenig mit ihrer Schwiegertochter anzufangen wusste, und deswegen begleitete diese ihren Mann immer seltener. Für die Ehe wurde die Schwiegermutter zur Belastung, denn immer wieder musste der Ehemann zu seiner Mutter nach Hause gehen, um zu helfen. Die Ehefrau blieb mit ihren Kindern allein zu Hause. Auf das Problem angesprochen, wusste der Ehemann nicht, wie er sich verhalten sollte, denn er sei sich sicher, seine Mutter wolle nur das Beste für ihn. Er verstand nicht, weshalb seine Ehefrau gegen seine Mutter wetterte. Erst als die Mutter es wagte, offen ihrem Sohn gegenüber Kritik an seiner Frau zu üben, begann er, das Problem zu erkennen. Er versuchte, mit seiner Mutter darüber zu sprechen. Da diese wieder Kritik an der Frau des Sohnes übte, brach er jeglichen Kontakt zu ihr ab. Die Patientin erzählt diesen Sachverhalt sehr stolz, nicht, weil sie ihre Schwiegermutter nicht wollte, sondern weil sie erlebte, dass ihr Mann ganz hinter ihr stand. Hätte der junge Mann nicht den Kontakt abgebrochen oder seiner Mutter nicht widersprochen, so hätte sich die Spannung auf seine Ehe übertragen.

Liebe ist also nicht nur ein Kompromiss zwischen zwei Menschen, sondern auch zwischen allen anderen Beziehungen, die man sonst im Leben hat. Die Freiheit in der Liebe, den jeweils anderen so zu lassen, wie er/sie, ist oder auch über ihn/sie zu schimpfen, gibt man nur dem Partner. Spricht also die Mutter schlecht über den Ehepartner der Tochter/des Sohnes, so nimmt sie sich eine Freiheit, die ihr nicht zusteht. Nicht, weil sie unrecht hat, sondern weil sie den Partner des Kindes eben nicht so sein lässt, wie er/sie ist. Freiheit existiert nur dann, wenn alle Beziehungspartner frei bleiben. Kritisiert einer jemand anderen ohne Akzeptanz, wird die Freiheit einer Person verringert. In diesem Fall muss man sich die Freiheit nehmen, eine Beziehung zu beenden.

Zielgerichtete Beziehungen

Jeder braucht Bestätigung. Diese erhält man entweder von anderen Menschen oder auch durch einen Hund. Als Arbeitgeber ist die Beziehung mit dem neuen Arbeitnehmer eine zielgerichtete. Arbeitet der neue Arbeitnehmer nach den Vorstellungen des Chefs, tritt eine Befriedigung beim Arbeitgeber ein und Bestätigung erfolgt durch eine lockere, freundliche Kommunikation. Das Ziel wurde erreicht, er bekam seine Bestätigung in der richtigen Wahl des Personals. Was ist jedoch das Ziel in einer Freundschafts- oder Liebesbeziehung? Bestätigung durch den Partner? Bestätigung durch andere aufgrund des Partners? Es kann also sein, dass dieses Ziel allein Spannung in eine Beziehung bringt, denn man benutzt den Partner für etwas. Das ist weder verboten noch schlecht, es ist nur wichtig, darauf zu achten, woher eine etwaige Spannung kommt und dass man diese Spannung nicht übernimmt. Der einzige Wegweiser, an dem man sich orientieren kann, ist Mitgefühl. Das gilt für beiderlei Beziehungen, für Menschen wie auch beim Tier. Beim Menschen dient Mitgefühl dazu, um Klarheit in die Beziehung zu bringen – zwischen dem, was anscheinend gefühlsmäßig erwartet wird, und dem, was ich bereit bin zu geben.

Wir Menschen sind von sozialen Kontakten abhängig und Kommunikation hat immer auch diese Abhängigkeit von Akzeptanz und Bestätigung im Hintergrund und wird hierdurch beeinflusst. Im Gegensatz zum Hund kann sich ein Mensch diese Bestätigung und Akzeptanz durch Leistungsorientierung und Fachlichkeit verdienen. Das bedeutet: Wir werden bestätigt, indem wir genug verdienen, uns genug leisten und so den anderen zeigen können, wer wir sind. Mehr Leistung bedeutet weniger Abhängigkeit von Nachbarn, Freunden und Partnern. In einer Umgebung, in der man sein kann, wer man ist, in der man also nicht befürchten muss, dass andere schlecht über jemanden reden, kann das Gefühl von Ausgeglichenheit entstehen. Sobald das gewährleistet ist, muss man nicht mehr nach Bestätigung suchen, um die Sorge vor Kritik zu mildern. Aufgrund der Tatsache, dass man sich seinen Wert erarbeiten kann, wird die Bedingungslosigkeit von Liebenswürdigkeit rasch vergessen und es entsteht ein unsichtbarer Kreislauf: Mehr Arbeit führt automatisch zu mehr Bestätigung.

Freiheit kommunizieren

Freiheit zu kommunizieren bedeutet auch auszustrahlen, dass keinem anderen Menschen die Macht gegeben wird, mich unfrei zu machen. Liebe zeigt den Gegensatz, sich gleichzeitig frei zu fühlen, obwohl man sich selbst in seiner Freiheit zugunsten der Liebe einschränkt. Zum Beispiel kann die Forderung nach Monogamie den Partner einschränken. Jede Beziehung, in der Freiheit gegeben ist, ist nicht übertrieben spannungsgeladen und macht hierdurch die Nähe erträglich. Präsentiert man beispielsweise der großen Liebe gleich zu Beginn alle Vorhaben, etwa, dass man gemeinsam in einer Wohnung (einem Haus) leben, monogam sein, täglich nebeneinander aufwachen und einschlafen, gemeinsam auf Urlaub fahren, gemeinsam ausgehen, essen gehen, kochen oder frühstücken möchte, und das für die kommenden 40 Jahre, so sind all diese Worte plötzlich nicht mehr mit Freiheit verbunden. Der Plan wirkt wie eine drohende Gefahr. Teile ich also jemandem, den ich kennenlerne, meinen Plan mit, kommuniziere ich nicht Freiheit. Beziehung ist etwas, das gemeinsam entwickelt werden muss. Das Äußern von Vorstellungen und Wünschen setzt sowohl eine Entwicklung als auch Forderungen voraus, diese Wünsche erfüllen zu müssen. Freiheit kommuniziert man, indem man darauf hinweist, dass man sich mit dem Partner alles vorstellen kann. Die Auflistung der gezielten Vorstellungen lässt nur dann Freiheit aufkommen, wenn der Partner ebenso eine Liste von Vorstellungen parat hat und diese vorbringen kann. Kommunikation beinhaltet das Teilen von Ideen, die durch die Teilung mehr werden.

Wir finden recht rasch Menschen, mit denen wir uns gut verstehen. Wir finden auch rasch Menschen für Affären und Episoden, die wir ausleben wollen. Wir erkennen, wer für welchen

Teil in uns geeignet ist, wer welche Bedürfnisse erfüllen kann. Doch nicht alle Bedürfnisse sollen auch gesehen werden. Somit finden wir schwer Menschen, mit denen wir uns vorstellen können, alles zu leben – alles im Sinne von „der Welt zeigen können, wen ich mag". Das klingt recht einfach. Es ist jedoch nicht leicht, in unserer Gesellschaft zu dem zu stehen, was wir mögen. Denn wir reduzieren, kategorisieren und bewerten. Dieser Umstand ist nützlich, sofern es darum geht, sich in der Gesellschaft zurechtzufinden. Aus dem schlichten Bewerten wird aber rasch ein Verurteilen und Kritisieren. Und finde ich einen Partner, den ich mag, ist die Grenze zwischen mir und jenem aufgelöst. Das heißt: Wenn jemand den Partner kleinmacht, auf ein Merkmal reduziert oder kritisiert, dann betrifft das immer auch das eigene Problem. Es genügt ein Merkmal, um jemanden auszugrenzen: dick, kleinwüchsig, riesig, schüchtern, arm, stark, schwach, behindert …

Den richtigen Partner zu finden bedeutet, diesen Menschen und sich selbst als mehr zu erleben als ein spezielles Merkmal. In der Kommunikation mit diesem Menschen steht nicht nur die Harmonie im Vordergrund, weil alle meine Träume wahr werden, wie groß, blond, schlank, intelligent, stark oder reich sein. In dieser Kommunikation ist auch der Wert der Verbindung enthalten, wenn es darum geht, Missverständnisse aus dem Weg zu räumen. Das betrifft viel mehr die Art und Weise, wie ich mit meinem Bedürfnis nach Nähe umgehe. Letzteres kann auch gedeckt werden, falls der Partner kein Verständnis zeigt. Betrachte ich die Beziehung zwischen Mann und Frau, so ist eine gewisse Abhängigkeit erkennbar. Freiheit zu kommunizieren bedeutet also, diese Merkmale einer Beziehung oder einer Person nicht mit einem Druck, einer emotionalen Schwere zu besetzen, sondern mit einer Leichtigkeit jedes Merkmal zu erlauben. Je leichter etwas erlaubt, gewährt wird, desto erträglicher wird Nähe und desto eher können meine Vorstellungen gelebt werden. Die Grenzen der Freiheit müssen ebenfalls klar erkennbar sein. Es muss selbstverständlich wirken, dass eine Grenzüberschreitung schlimmstenfalls das Ende der Beziehung bedeutet.

Wir lernen leichter, darüber zu sprechen, was wir nicht mögen, denn das betrifft nicht den Kern unseres Wesens, nicht das, was uns ausmacht. Freiheit zu kommunizieren bedeutet, darüber zu sprechen, was uns ausmacht. Das fällt schwerer, denn dafür können wir verspottet, beleidigt, gekränkt oder gemieden werden.

Im Praxisalltag begegnet man öfter Menschen, die mit ihrem Körper nicht zufrieden sind. Dadurch nehmen sie sich jedoch Freiheiten, Beziehungen zu leben oder Dinge zu unternehmen, die Freude machen. Zuerst muss das Ziel erfüllt werden, fünf Kilo abzunehmen, dann besteht ausreichend Liebenswürdigkeit, um wieder schwimmen zu gehen. Denn mit einem „Schwimmreifen" um den Bauch ist es schwer, angesehen zu werden und sich beim Schwimmen wohlzufühlen. Freiheit bedeutet nicht gleichzeitig, dass etwas angenehm oder gut aussehend sein muss. Freiheit bedeutet auch die Unabhängigkeit von Vorstellungen, wie etwas zu sein hat.

Wie mächtig so eine Vorstellung sein kann, zeigt folgendes Beispiel: Eine 32-jährige Frau, die geheiratet hat, hat sich nie getraut, ihren Mann mit nach Hause zu nehmen, geschweige denn, sich vor ihm auszuziehen. Das Paar war nach wenigen Wochen wieder getrennt, da die Abhängigkeit von der Vorstellung, wie das Zuhause oder der eigene Körper zu sein hat, nicht verändert werden konnte. Es konnte nie ein Zusammenleben entwickelt werden, das Paar hat sich nur im Kaffeehaus und auf öffentlichen Plätzen getroffen.

Was muss kommuniziert werden, um den richtigen Partner zu finden?

Prinzipiell genügt es, sich darüber bewusst zu werden, dass man liebenswert ist. Das strahlt man auch aus. Zu kommunizieren, was man vom Leben will, bedeutet auch zu kommunizieren, wie konsequent man seine Ziele verfolgt. Und Konsequenz kann das Gegenüber rasch unsicher machen, denn wer konsequent handelt, kann die Menschlichkeit übersehen. Ich muss Sicherheit in Bezug auf die Beziehung vermitteln. Überlege ich, was ich von einer Beziehung will, kommt sofort Unsicherheit auf, denn ich muss prüfen, ob es sich lohnt. Bin ich mir also unsicher in dem, was ein Partner mit sich bringt, laufe ich Gefahr, in Situationen zu geraten, die von der momentanen Stimmung abhängen. Das ist prinzipiell nicht schlecht, jedoch muss man lernen, auch zu diesen Entscheidungen, die stimmungsabhängig sind, zu stehen. Wird eine Frau etwa ungewollt schwanger, jedoch nicht aufgrund von Vergewaltigung, sondern in einer Liebesnacht, darf sie lernen, zu dieser Liebesnacht zu stehen – zu diesen Momenten und dieser Stimmung. Ansonsten entsteht das Gefühl der Reue und der Sorge, etwas zu versäumen. Alles, wonach man sich sehnt, strahlt man aus und kommuniziert man, meist unbewusst.

Die Gefahr dabei: Es gibt immer jemanden, der das erkennt und eventuell ausnutzt. Sehne ich mich nach grenzenloser Freiheit, strahle ich Grenzenlosigkeit aus – mit der Gefahr, dass ich mich respektlos behandelt fühle, weil mein Kommunikationspartner nicht erkennen kann, was mich kränkt. Es geht also mehr darum, sich Gedanken zu machen, wie ich eine Beziehung gestalten will, die Inhalte kommen dann von ganz allein, anhand von Interesse und Neugierde beider Partner. Was ich in einer Beziehung erleben will, darf sich entwickeln. Wie ich eine Beziehung gestalten will, überlege ich mir am besten, bevor es zur Grenzüberschreitung kommt. Durch diese Überlegung zeigt man Grenzen auf, innerhalb derer man sich bewegen kann. Folglich entsteht Klarheit darüber, was passiert, wenn man diese Grenzen überschreitet. Wobei nicht Konsequenz als eine Art Strafe gesehen werden kann, sondern als ein Wert, wie Vertrauen oder die Qualität einer Beziehung.

Aus der ganz persönlichen Erfahrung des Autors ist das, was jemand als Mensch ausstrahlt, entscheidend bei dem Versuch, eine Beziehung einzugehen. Mein Körper, mein Rollstuhl, meine Armprothese sind Äußerlichkeiten, die sehr wohl einen Einfluss hatten – einen selektiven und aus heutiger Sicht positiven. Positiv insofern, als all jene Frauen, die sich von meinen körperlichen Merkmalen abschrecken ließen, fernblieben, diese haben wahrscheinlich nicht einmal mit mir geredet. Somit war die Grenze schon erreicht. Die Grenze der Körperlichkeit hat wahrscheinlich nicht nur meinen eigenen Körper betroffen, sondern vor allem die Zielvorstellungen der Frauen.

Den richtigen Partner zu finden bedeutet, alles kommunizieren zu können, frei von Ansprüchen, die die sogenannte bedingungslose Liebe verhindern. Sich ganz für einen Partner zu entscheiden heißt, die Entwicklung einer Beziehung freizulassen. Dies schließt das Altern, das Schwach-, Krank-, aber auch das Sicherer-, Erfolgreicher- und Reiferwerden gleichermaßen mit ein. Wer von vornherein gewisse Dinge ausschließt, macht sich abhängig von Werten. Dies muss dazu führen, dass man ersetzbar ist und man von der sogenannten großen Liebe enttäuscht wird. Nur wer einer Entwicklung keine Grenzen setzt, kann diesen Partner finden, zu ihm stehen und kann ihn letzten Endes lieben.

Erziehung zur Beziehung

Die enge Verbindung zwischen Beziehung und Kommunikation wird besonders bei der Vermittlung von Werten und Wissen deutlich. Erziehung zur Beziehung bedeutet, den natürlichen Drang, mit Menschen in Verbindung zu treten, zu lenken. Jemanden zu erziehen, ihn zu lenken, ihm etwas zu zeigen oder zu verbieten heißt, ihm Werte zu vermitteln. Ich zeige ihm als Erzieher, was mir wertvoll ist und was nicht, im Umgang mit mir. Dieser Umgang betrifft die komplette Kommunikation. Jemandem Werte oder Verhaltensweisen zu vermitteln, kann positiv durch Lob oder durch Zeichen und Symbole erfolgen, aber auch dadurch, dass man diskutiert und Sachen infrage stellt.

In dem Buch „Warum? Von der Obszönität des Fragens" von Aaron R. Bodendorfer wird diskutiert, wer wann was und wen fragen darf. Darin wird deutlich aufgezeigt, dass allein das Fragen an sich viel über die Beziehung und das Machtgefüge zwischen Menschen aussagt. Vergleiche ich Kommunikation mit einer Leine, so wird verständlich, warum wir uns manchmal unter Druck gesetzt fühlen, sobald uns jemand eine Frage stellt. Weil beispielsweise diese Frage jemandem eine Position zugesteht, die er eigentlich nicht hat. Wie gehen wir mit dieser Art von Leine, dieser Form von Druck um? Letzterer entsteht ja nur, weil ich ihn als Grenzüberschreitung erlebe.

In Bodendorfers Buch wird außerdem postuliert, dass man lediglich danach fragt, was man schon weiß. Eines der deutlichsten Beispiele ist die Frage nach der Liebe. Ein Ehepartner stellt die ernsthafte Frage „Liebst du mich noch?", wenn er spürt, dass die Liebe am Schwinden ist. Dies wird dann klar, wenn man sich bewusst macht, dass man nicht fragen muss, solange man Liebe spürt. Der emotionale Druck und die Spannung in der Leine, die gespürt werden, liegen somit entweder auf der Sender- oder auf der Empfängerebene. Um einen Wert weiterzugeben, ist es wichtig, die Ursachen, die Spannung erzeugen, zu hinterfragen und damit die Entstehung der Spannung zu umgehen. Jemand, der einen anderen Menschen erziehen „muss", gibt unbewusst auch ungelöste Spannungen weiter. Verspürt etwa ein Mann eine Abneigung gegen Automechaniker und schimpft er vor seinen Kindern jedes Mal auf diese, wenn er einen erblickt, lernen die Kinder, dass mit Automechanikern offenbar irgendetwas nicht richtig ist.

Bekanntermaßen werden bestimmte Wertigkeiten nicht automatisch von den Eltern übernommen, es ist jedoch sicher, dass Kinder von der Liebe ihrer Eltern abhängig sind. Damit lernen sie, offenherzig nur auf all jene Menschen zuzugehen, mit denen auch ihre Eltern vorbehaltlos verkehren. Ein Automechaniker wird sehr wahrscheinlich in eine angespannte Kommunikation verwickelt sein, sobald er auf eines dieser Kinder trifft.

Erziehung zur Beziehung bedeutet, so mit anderen Menschen umgehen zu können, dass Freiheit zwischen menschlichen Individuen bestehen kann. Spannung deutet darauf hin, dass diese nicht gegeben ist. Ich muss in der Erziehung immer auch nach den Ursachen von Spannung fragen. Also: Von wem geht die Spannung in einer Beziehung aus? Wer ist gewissermaßen der „Hund" und wer der „Besitzer"? Wer stellt den Anspruch, eine Frage oder einen Wunsch so zu äußern, dass durch eine verbindliche Antwort Spannung entsteht?

In der Kommunikation gibt es wie gesagt einen Sender und einen Empfänger. Betrachtet man die Spannung unter dem Aspekt der Macht und Hierarchie, so konzentrieren wir uns auf den Sender. Er bestimmt somit, dass er die Macht hat, eine Frage überhaupt zu stellen. Durch das Fragen kann er eine Beziehung, eine Person, aber auch eine Sache beziehungsweise einen Sachverhalt gänzlich hinterfragen. Ein Mensch, der generell ängstlich und unsicher ist, wird durch Fragen an sich verunsichert, also eine hohe Spannung in Form von Unsicherheit empfinden. So genügt etwa die Frage eines Ehemannes an seine Frau: „*Das* Kleid willst du heute anziehen?" und er weiß, die Spannung wird, wenn sie etwas unsicher ist, so stark steigen, dass sie sich umzieht. Seine Botschaft lautet: Ich stelle dich infrage. Die nonverbale Botschaft ist ein nicht positiv bewertetes Kleid, allein dadurch, dass der Gatte es infrage stellt.

Betrachtet man die Seite des Empfängers, so bringen die Überlegungen zur Kommunikation das Thema der Harmonie auf. Diese ist nur dann gegeben, wenn Gefühle zeitnah und richtig beantwortet werden. Wird das Gefühl nicht beantwortet, entsteht Unsicherheit in Form von Kränkung, Trauer, Aggression etc. Wir lernen also von Kindheit an, Gefühle richtig und prompt zu beantworten. Stellt man nun jemandem eine Frage, mit der ich eine Person kränke oder verletze, tritt Spannung auf. Um aber Harmonie zu erreichen, nehmen sich viele vor, andere nicht zu kränken oder zu verletzen. Diese Spannung in einer Beziehung – wenn ich also nicht kränken oder verletzen soll – geht dann von jenem aus, der ein schlechtes Gewissen verspürt.

Erziehung zur Beziehung hat also das Ziel, Kommunikation so zu gestalten, dass Spannungen nicht durch Isolierung und Rückzug gelöst werden, sondern sich durch Diskussion und Streit in Harmonie auflösen. Solange wir Gefühle klären: „Stimmt das?", „Was willst du?", „Was meinst du?", können wir uns als beziehungsfähig betrachten.

Werte kommunizieren

Kommunikation bedeutet immer, ein Gefühl zu vermitteln. Verbinde ich ein Gefühl mit Werten, so steht fest: Es werden stets Werte kommuniziert. Die große Schwierigkeit bei der wertschätzenden Kommunikation liegt darin, dass durch die Wertschätzung automatisch eine Abwertung all jener Umstände erfolgt, die man nicht positiv bewertet. Sagt man etwa zu einer schlanken Frau „Die ist schön" und bewertet das als positiv, erfolgt sofort eine Geringschätzung einer starken Frau, wenn diese nicht auch positiv bewertet wird. Ich muss also gar nicht erst sagen „Das ist hässlich", um etwas abzuwerten. Es genügt, wenn ich es nicht aufwerte. Alles, was positiv bewertet wird, gilt als harmonisch und in einer Beziehung als nicht spannungsgeladen. Überall, wo keine positive Aufwertung erfolgt, tritt somit automatisch eine intensive Spannung zwischen zwei Menschen auf. Der eine zieht am anderen, ohne sich dessen bewusst zu werden.

Um noch einmal zu dem genannten Beispiel von Mann, Frau und Kleid zurückzukommen: Damit sich die Spannung, die aufgrund dieser Frage entsteht, adäquat auflösen lässt, könnte die Frau ihrem Gatten erwidern: „Bin ich eingeladen oder mein Kleid?" Das Machtgefüge, das Hinterfragen und auch die Spannung zwischen beiden Menschen kann aufgehoben werden.

Spannung – und damit die Leine in der Beziehung – liegt in der Intoleranz, in der Nichtgewährung von Freiheit beziehungsweise einer anderen Meinung. Solange man selbst und der andere hinterfragbar bleiben, ist eine Beziehung harmonisch. Die Spannung, die ein Sender in sich trägt, wird dem Empfänger vermittelt. Ob sich dieser auch angespannt oder unwohl fühlt, hängt auch davon ab, wie sehr er sich traut, die Meinung des Senders zu hinterfragen.

Ja sagen und Nein sagen

Mit einem Menschen eine Beziehung zu führen, bedeutet zu lernen, mit seinen Wünschen ganz bei sich zu bleiben. Trotzdem kommunizieren wir mit anderen, weil ja gemeinsame Interessen bestehen. Die Absurdität liegt also darin, aufgrund der Gemeinsamkeit bei sich zu bleiben. Je intensiver der Kontakt, desto mehr muss man Nein sagen lernen. Nicht, weil man die Person nicht mag, sondern weil man lernen muss, was man selbst möchte. Die große Gefahr dabei ist, dass man nur mehr lernt zu schauen: Was brauche ich von der Person? Dass man sich nur holt, was man braucht, ohne wirkliches Interesse zum Gegenüber zu entwickeln. Der andere Mensch spürt, ob wirkliches Interesse da ist oder ob der andere bloß etwas von ihm will. Dieses Bedürfnis nach Interesse und das Bedürfnis, den Wünschen des anderen gerecht zu werden, erzeugen Druck und Spannung in der Beziehung. Nein zu sagen nimmt Druck. Nein sagen, ohne aber die Beziehung zu beenden, kann man auch durch relativierende Formulierungen wie „Ja, aber ...", „Ich hätte gern ..." oder „Von deiner Perspektive aus wäre das schön, aus meiner Perspektive geht das gar nicht". Psychologischen Beobachtungen zufolge fällt es viel mehr Menschen schwer, Nein zu sagen, wenn es um Beziehung geht, als Ja.

Während ein Nein klar ausdrückt, was man im Gegensatz zum anderen möchte, bezieht sich das Ja mehr auf den Wunsch des Partners. Aus einem Ja auf eine Frage kann eine oft drückende „Ich muss"-Situation entstehen. Nein-Sagen hat also nicht das Hauptziel, dem Partner Widerstand zu bieten, sondern sich selbst Freiheit zu bewahren, die eigenen Bedürfnisse in die Beziehung zu bringen.

Erst die Betrachtung der Beziehung zu einem Hund zeigt, dass das Ja-Sagen nicht mit einem emotionalen Druck einhergeht.

Denn Hunde sind schnell und neugierig und setzen ihren Willen durch, bis sie eingeschränkt werden. In einer menschlichen Beziehung gilt dieses Verhalten als unverschämt oder rücksichtslos. Nein sagen zu lernen bedeutet, seine Wünsche von Anfang an in eine Beziehung zu bringen und diese nicht erst dann zu bemerken, wenn das Verhalten des Gegenübers als unverschämt bezeichnet werden kann. Einschränken müssen wir Hunde, weil sie keine Grenze des Herrchens oder Frauchens spüren.

Beziehung und Sinn

Kommunikation stellt eine eigene Wissenschaft dar und als Psychologe trifft man hierauf, wenn es darum geht, anderen das eigene Befinden zu vermitteln. Die Psychologie als Seelenheilkunde muss immer noch der Frage nachspüren, was einem anderen Menschen eigentlich vermittelt wird, wenn eine Beziehung geschlossen wird. Hierfür lohnt es sich, einen Exkurs in das Thema zu wagen, was uns Menschen, also den Kern unseres Wesens, ausmacht, denn genau das wird kommuniziert:

Leib: Jeder Mensch hat einen Körper und jeder Mensch altert. Anhand des Körpers kann man Merkmale und Eigenschaften ablesen. Der Körper eines Sportlers gilt als sehr wertvoll, ebenso wie der Körper eines Models. Kommuniziert man einem Sportler oder einem Model, dass man ihn oder sie aufgrund des Körpers liebt, übersieht man die anderen nachfolgend beschriebenen Aspekte, die uns Menschen ausmachen.

Geist: Viele Menschen haben einen brillanten Verstand, mit dem sie die Fähigkeiten des Körpers nutzen. Der Verstand wird berücksichtigt und wertgeschätzt, indem wir in die Schule gehen, indem wir Wissen aufsaugen und kreieren, lesen, trainieren und ihn auch spielerisch einsetzen, wie zum Beispiel beim Schachspielen. Jedoch gibt es auch Menschen, deren Verstand stark beeinträchtigt ist. Zu den psychischen Fähigkeiten zählen kognitive Leistungen wie Rechnen, Schreiben, Konzentration, Wahrnehmung, logisch Denken etc. – all das, was beispielsweise beim Arbeiten hilft.

Seele: Jeder Mensch hat eine Seele. Die Seele, der Kern des Menschen, die treibende Kraft ist aber etwas, das unabhängig ist von Zeit, Materie, Intelligenzquotient, Geld und Schönheit des Körpers. Sie muss entwickelt werden, indem sie berücksichtigt wird, berücksichtigt durch echte Wertschätzung, Anerkennung, Lob und Liebe. Wird die Seele vergessen, so macht sie sich von selbst erkennbar durch Zeichen und Symbole, die zeigen, wie wichtig Anerkennung und Zuwendung sind. Zeichen, die oft wie ein Schrei nach Liebe wirken. Vergessene seelische Bedürfnisse zeigen sich dann anhand von Protesthaltungen, extremer Schüchternheit, Zwängen, Tendenzen zu perversen Haltungen, Feindseligkeiten durch Vorurteile etc.

Doch wie gelingt der Zugang zu dieser Seele? Einen Zugang zur Seele und zu dem, was wir sind, können wir nur erahnen oder über andere Menschen erlangen. Natürlich können wir auch ohne Rücksicht auf Verluste pure Selbstverwirklichung anstreben, das Glück benötigt jedoch Mitgefühl. Ohne ein *Du* gibt es kein *Ich*. Das Grundprinzip seelischer Bedürfnisse lautet: Durch Akzeptanz, Liebe, Grenzen, Lob, Freude und Zutrauen lernen wir das grundlegende seelische Bedürfnis, erkannt zu werden, zu befriedigen, indem Individualität positiv bewertet wird. Fehlt diese positive Erfahrung, erkannt zu werden, findet die Seele einen negativen Weg sich zu zeigen, entweder in Form von Krankheit, Trauer, Depression, Angst oder in Form von Taten, die sozial nicht erwünscht sind, wie beispielsweise Delinquenz,

Vergewaltigung oder Perversion. Jenes Grundprinzip wird durch mehrere Faktoren bedingt. Dies sind Werte, psychische Inhalte (Über-Ich, Ich, Es), Einfühlungsvermögen (Empathie) und Stimmung. Diese Faktoren sind bis zum Abschluss der Pubertät zu entwickeln und spielen zeitlebens eine Rolle.

Der Mensch ist ein soziales Wesen, er braucht andere Menschen und ist somit auf Eingliederung in eine Gesellschaft auf irgendeine Art angewiesen. Wir bedürfen anderer Menschen, um uns selbst definieren zu können. Nur anhand anderer können wir uns selbst erkennen. Folglich müssen wir miteinander kommunizieren.

Authentisch zu kommunizieren bedeutet immer auch, ein Stück von sich – von dem, was einen ausmacht, von seinem Körper, seinem Verstand und seiner Seele – preiszugeben. Somit hängt Kommunikation sehr eng mit Motivation zusammen, nämlich mit der Energie, sich anderen Menschen zu zeigen. Dieses Sich-Zeigen in Form von Erkenntnis ist mit der Empfindung von Sinn verbunden. Die Wissenschaft ist aufgrund des Prozesses von Erkenntnis der Kommunikation ähnlich. Sie gilt als objektiv und als sinnvoll, wird aber ebenfalls von einem Menschen ausgeübt und anderen vermittelt/kommuniziert. Somit hängt Wissen stark mit Identität und gleichzeitig mit der Frage nach dem Sinn zusammen.

In einer Umgebung, in der das Wissen als wert- oder sinnlos gilt und damit auch die eigene Identität infrage gestellt wird, benötigt man mehr Energie, um sich zu zeigen, wer beziehungsweise wie man ist. Jeder Mensch hat es in der Hand, der eigenen Identität einen Wert zu geben und hinter dem zu stehen, was man vertritt. Je leichter man die Botschaft „Ich bin es wert" oder auch „Das, wofür ich stehe, ist es wert" kommuniziert, desto höher ist die Wahrscheinlichkeit, vom Gegenüber, vom Mitmenschen tatsächlich als wertvoll erachtet zu werden. Die Seele kann in der Kommunikation mit anderen wachsen.

Denkt man über Beziehung nach, gibt es oberflächlich betrachtet wenig Gründe, weshalb Paare zusammenleben sollen: Rational gesehen bringt eine Partnerschaft Einschränkung der eigenen Freiheit, Freude, Macht, Sexualität etc. mit sich. Die Liebe hat ihren Preis, deren Wert erst im Sinn zu finden ist.

Beginnen wir also eine Beziehung durch Kommunikation, so muss stets auch die Sinnfrage beantwortet werden. Hat Kommunikation ein Ziel, läuft man Gefahr, den Sinn zu vergessen, und Kommunikation wird anhand materieller Aspekte bewertet: Was bringt mir das, mit dem anderen zu sprechen?

Ein Mensch orientiert sich daran, wie es dem anderen geht, wie er ihn versteht, welche Stimmung herrscht und ob er zuhört. Der menschliche Kontakt ist somit ein Kompromiss zwischen dem eigenem Wollen und dem Gefühl des anderen.

Aus psychologischer Sicht gilt für uns Menschen eine Beziehung dann als gut, wenn Geben und Nehmen ausgeglichen sind. Das Verstehen wird als Geben gewertet. In der Beziehung zu einem Hund aber verhält es sich anders. Dort stellt nämlich die Ausführung meines Wunsches das Gleichgewicht her, nicht bereits das Verstehen. Das heißt, aus psychologischer Sicht muss der Hund sein Herrchen oder Frauchen nicht verstehen, sondern lediglich tun, was er oder sie vom Hund will. Um keine Missverständnisse in der Kommunikation auszulösen, muss der Hundehalter wissen, dass es nicht darum geht, den Willen seines Vierbeiners zu erfüllen, sondern seine Bedürfnisse, und der Hund, dass er sich nach den Wünschen seines Besitzers richten soll. Damit das funktioniert, muss der Mensch seine Wünsche dem Hund gegenüber klar formulieren. Beim Hund bedeutet klar zu kommunizieren nicht, Worte zu verwenden, wie bei der zwischenmenschlichen Kommunikation. Viel eher wird er durch Körpersprache, Futter oder Lob sowie durch Kommandos zu einem bestimmten Verhalten animiert.

Bei der Ausgeglichenheit von Geben und Nehmen beim Menschen geht es nicht darum, dass einer all das macht, was der andere verlangt. Selbst wenn eine Frau ihrem Mann jeden Wunsch erfüllt, würde ihn das auf Dauer nicht glücklich machen. Auch er will Wünsche erfüllen und muss sich deswegen bemühen zu erkennen, welche seine Frau hegt.

Beziehung und Materialismus

In einer zwischenmenschlichen Beziehung hat immer auch die Frage „Über wie viel Geld verfüge ich, was besitze ich?" einen großen Stellenwert. Wie kommunizieren wir durch Materialismus in einer Beziehung? Indem wir zeigen, ob wir diesen wertschätzen oder nicht. Das beginnt mit der ureigensten Frage nach dem Umgang mit dem eigenen Körper, der als Materie bezeichnet werden kann. Ein Mensch kennt nicht nur seinen eigenen Körper und bleibt ganz in diesem, sondern er erweitert seine Identität um zahlreiche andere Materien, die er wertschätzt, oder auch um Materien, die zeigen, welchen Aspekten er Wertschätzung entgegenbringt.

Wir Menschen kennen den Materialismus und wissen um die Bedeutung von Materie für den Wert des eigenen Körpers. Uns ist es möglich, Scham zu vermeiden, indem der Körper durch Schmuckstücke, Kleidung, Tätowierungen etc. erweitert wird. Macht man sich von den Schmuckstücken oder den anderen Erweiterungen abhängig, wird immer eine Spannung in eine Beziehung kommen, sobald man Gefahr läuft, eine dieser Sachen zu verlieren.

In der menschlichen Beziehung erziehen wir uns gegenseitig, indem wir eigene Bedürfnisse äußern und auf die des anderen eingehen. Der Materialismus hilft beispielsweise, Existenzängste zu nehmen, Interessen zu verwirklichen oder Gemeinsamkeiten ausleben zu können. Die Materie an sich muss nicht schlechtgemacht werden. Kommunizieren wir jedoch dem Gegenüber, dass der Wert eines Menschen von seiner Materie abhängt, ist die Bedingungslosigkeit in der Liebe nicht mehr gegeben. Erziehung zur Beziehung und zur Liebesfähigkeit bedeutet, die Freiheit von Materie zu erkennen.

Autorität und Respektverhalten

Kommunikation erfüllt das Bedürfnis nach sozialer Resonanz. Anhand der Reaktionen des Kommunikationspartners erkennen wir, wie wir sind. Passen die Reaktionen zu unserem Selbstbild, entsteht zum Zeitpunkt des Kontaktes ein gutes Gefühl.

Soziale Resonanz ist die von einem selbst interpretierte Antwort auf jenen Kontakt. Im Idealfall stellt diese soziale Resonanz Liebe, Respekt, Achtung, Wertschätzung vor dem jeweiligen Menschen dar. Je stabiler das Selbstbild ist, desto größer ist die Unabhängigkeit beziehungsweise Freiheit von der Meinung anderer Menschen und damit von der sozialen Resonanz. Ein Mensch also, der sich durch das Leiden oder durch das Quälen anderer spürt, wie zum Beispiel ein Vergewaltiger oder ein Mörder, erlebt diese Art von Antworten als soziale Resonanz. Da geht es nicht mehr darum, zu zeigen, wer man ist, eine Antwort abzuwarten und sein Verhalten an den Reaktionen anderer zu orientieren, sondern die Antwort liegt beispielsweise im Erkennen purer Angst oder reiner Machtausübung.

Während der Kindheit und später in der Pubertät entstehen in uns Bilder von uns, sogenannte Selbstbilder, die zur Orientierung innerhalb der Gesellschaft dienen. *Nur* zur Orientierung jedoch, denn die Selbstbilder helfen nicht, wenn es darum geht, erfolgreich Beziehungen herzustellen, und zwar solche, die einem auch guttun. Diese Selbstbilder bestimmen die Rolle, die wir in Gesellschaft spielen. Um diese Rolle innerhalb einer Gruppe/Gesellschaft drehen sich viele Gedanken und Gefühle. Einerseits kommt das Selbstbild von den eigenen Gedanken, andererseits erhalten wir von anderen Menschen durch Rückmeldungen auch ein bestimmtes Bild von uns, eine bestimmte Rolle, mit der wir umzugehen lernen müssen.

FALLBEISPIEL: Ehepartner drängen einander in Rollen

Ein Ehepaar kommt aufgrund des Wunsches der Frau zur psychologischen Beratung. Das Problem stellt sich folgendermaßen dar: Beide sind seit über 20 Jahren verheiratet, haben Kinder und keine wesentlichen finanziellen Sorgen. Die Frau fühlt sich in ihrer Rolle als Gattin aber stark vernachlässigt. Sie übernimmt gerne die Verantwortung für Haus und Garten, ist bei vielen Geschäftsreisen mit dabei, vermisst aber die Achtung und den Respekt von ihrem Mann, den sie sehr verehrt und achtet.

Der Gatte beschreibt seine Frau als sehr eigenwillig, sie wolle ihn dominieren, er erkenne viel früher Probleme, die auf die Familie zukämen, doch er liebe seine Frau. Er sei stets bereit, Probleme zu lösen, er arbeite viel und hart, aber er verstehe das Problem seiner Frau nicht. Immer wolle sie etwas von ihm, entweder kenne sie sich nicht aus oder sie sei zu schwach, dann müsse er essen kommen, wenn sie es verlange, auf Urlaub fahren, wohin sie wolle, etc. Er habe begonnen, mehr auf sich zu achten, und das gefalle ihr nicht.

Im weiteren Verlauf der psychologischen Beratung hat sich herausgestellt, dass beide sehr aneinander hängen, dass sie sich jedoch gegenseitig Rollen und Verantwortungen geben, und zwar in jenen Lebensbereichen, in denen sie den jeweils anderen als kompetent, beinahe autoritär, einschätzen. Mit der Zeit jedoch haben sie begonnen, sich gegen diese Kompetenz zu wehren, denn sie haben voneinander gelernt. Ziel war es, das Gemeinsame mehr zu erleben, ohne sich gegen den anderen zu wehren. Dieser Widerstand gegen den anderen bestand vor allem deshalb, weil sie voneinander lernten und somit selbst mehr Kompetenz erworben haben. Keiner wollte mehr die Rolle des Nicht-Wissenden haben. Sie haben es jedoch lange Zeit nicht geschafft, dem Partner Kompetenz zuzuschreiben. Besonders der Mann hat länger darauf bestanden, seiner Frau in einigen Lebensbereichen Inkompetenz zu unterstellen. Erst der Satz „Ich schau dir seit Jahren zu, wie du das machst, das kann ich mittlerweile genauso gut, verkauf mich nicht für dumm" hat den Mann zum Nachdenken angeregt. Nur hierdurch war es möglich, den Widerstand zu brechen.

Der Kompromiss zwischen dem inneren und äußeren Bild von mir muss geschaffen werden. In gewisser Weise muss ich mir meiner also bewusst werden. Und Bewusstsein, so schreibt der portugiesische Neurowissenschaftler António Damásio, ist nicht nur Wachsein. Ich muss mir bewusst werden, wer ich bin, das gibt mir meinen Platz im Leben. Folglich brauche ich nicht darauf zu achten, welcher Platz noch frei ist. Ein Opportunist nimmt, was er bekommt, aber darin liegt die große Gefahr, eine Rolle im Leben annehmen zu wollen, die einem nicht entspricht. Sich krank machen zu lassen, hat somit Einfluss auf den Platz im Leben, auf die Rolle, die man sich zutraut.

Der Mensch als Rudeltier

Das Zusammenleben mit anderen Menschen und Tieren bedeutet, sich einen Platz in der Gesellschaft zu nehmen. Nur durch Kommunikation nimmt man sich einen Platz in der Gesellschaft. Je weniger man kommuniziert, desto mehr wird einem der sogenannte Platz zugewiesen. Wie sehen nun diese Plätze innerhalb eines menschlichen Rudels beziehungsweise innerhalb einer Gesellschaft aus? Jene Plätze werden anhand von Wertigkeiten erkauft, vererbt, ersessen, erstritten, geschenkt, erlitten, erarbeitet, erschwindelt etc. Es geht also um die scheinbare Wertigkeit. Diese wird anhand von Materie, Symbolen, Körperhaltung, Stimmlage, Wissen oder Autorität sichtbar. Ob etwas wertvoll ist oder nicht, wird bewusst und unbewusst kommuniziert – jederzeit. Es ist nämlich unmöglich, jemanden nicht zu bewerten. Der Wert wird immer subjektiv übermittelt.

Die Entscheidung, ob etwas als wertvoll oder wertlos betrachtet wird, erfolgt bereits im Kindesalter, jedoch sind besonders Kinder einfach manipulierbar. Das heißt, etwas als wertvoll und wertlos darzustellen, kann jederzeit anders ausfallen. Möchte ein Kind etwas nicht tun, so kann man durch das Anbieten einer Belohnung (beispielsweise ein Vanilleeis im Sommer) die Entscheidung, etwas nicht zu tun, massiv beeinflussen.

Je höher das Wissen bewertet wird, je mehr Kompetenz jemand hat, je höher der Geldbetrag, über den eine Person verfügt, oder je größer die Grundstücke und Häuser, die ein Mensch besitzt, desto verführerischer ist es, diesem Menschen auch einen hohen Wert zuzubilligen. Bereits das Wort „hoher Wert" deutet darauf hin, dass jene Einschätzung immer von einer Person ausgeht. Für einen Millionär ist ein hoher Geldbetrag etwas anderes als für jemanden, der am Existenzminimum lebt. Deswegen wird „hoch" vom Millionär ganz anders bewertet als von der Person mit der Mindestsicherung. Darum ist es sehr wahrscheinlich, dass jener mit der Mindestsicherung, sofern er vom Vermögen des anderen weiß, nicht mit derselben Selbstverständlichkeit auf den Millionär zugehen wird wie auf jemanden, der ebenfalls Bezieher der Mindestsicherung ist. Weshalb? Weil die Bewertung „hoch" automatisch das Selbstbild herabsetzt. Der eigene Platz in der Gesellschaft hängt also vor allem davon ab, wie ich die anderen bewerte. Fühle ich mich ständig als ungenügend, als arm, als unwissend, so gebe ich dem Gegenüber automatisch mehr Wert. Dagegen wehrt sich natürlich der Körper. Dieses Wehren wird ebenfalls kommuniziert. Wörter wie „Angeber", „Snob", „G'stopfter", „der mit Protzauto" drücken den Widerstand gegen die eigene Abwertung aus. Jemand anderen so lassen zu können, wie er ist, hängt vor allem mit der Bereitschaft zusammen, sich selbst nicht permanent abzuwerten. Nur wenn man mit sich selbst zufrieden ist, kann man davon absehen, andere in einem kritischen Licht abzuschätzen.

Der Umgang mit Autorität

Menschen, die aufgewertet werden, von denen man zum Beispiel etwas erhofft, denen man eben mehr Kompetenz zuschreibt (Eltern, Lehrern, Ärzten, Anwälten), können auch sogenannte Autoritätspersonen werden. Man hört, was diese zu sagen haben, stimmt dem zu und orientiert sich daran. Autorität ist keine Persönlichkeitseigenschaft, sondern etwas, das man ausübt und gleichzeitig auch ausstrahlt. Aufgrund der Tatsache, dass man etwa mit medizinischem Wissen sicher umgeht, weil man Menschen, die krank sind, ohne Scheu zuhören kann, strahlt ein Arzt medizinische Autorität aus. Durch diese Sicherheit, etwa Symptome einer Krankheit zuzuordnen, auf seinem Gebiet kompetent zu sein, kann das Auftreten eines Arztes gegenüber anderen ebenfalls sicher und körperlich mit einer sogenannten Unbeugsamkeit erfolgen. Die Sicherheit und die Unbeirrbarkeit vermitteln Autorität. Jene Sicherheit besteht selbst dann, falls Fragen auftauchen: „Wie kann denn das sein?", „Sind Sie sicher?", „Was meinen Sie?" Können jene Fragen und damit die Hinterfragbarkeit ausgehalten werden, erhält dieser Mensch weiterhin seinen Platz als Autoritätsperson in der Gesellschaft. Fragt er zurück: „Glauben Sie, ich bin blöd?", „Das würden Sie nicht verstehen, wenn ich Ihnen das erkläre", zeigt sich, dass die Sicherheit nicht gegeben ist. Somit ist auch der Platz als Autoritätsperson gefallen. Verbindet man Autorität mit Führungspositionen, so behalten Mitarbeiter ihre Zufriedenheit. Denn der Chef bleibt ja immer hinterfragbar. Verbindet man Unsicherheit mit Führungspositionen, so entsteht Unzufriedenheit bei Mitarbeitern, denn die Autorität geht verloren. Hinterfragbar zu sein und zu bleiben, ist also eines der wichtigsten Merkmale von Menschen, die Autorität ausüben.

Oft wird Autorität mit Macht verwechselt. Jemand, der Macht ausübt, muss noch lange keine Autorität darstellen. Ein mächtiges Auftreten wird jedoch oft mit Autorität verbunden. Deswegen lernen besonders junge Männer, Macht zu kommunizieren. Jene lässt jedoch keine Fragen, keine Kritik und damit keine Entwicklung zu. Kommuniziert ein Mann einer Frau, dass er das Oberhaupt einer Familie ist, beispielsweise indem er seiner Angetrauten verbietet auszugehen, so ist es keine Frage von Autorität, sondern von Macht. Die Macht geht verloren, sobald die Frau verschwunden ist. Autorität hängt also mit mehr zusammen als nur mit Machtausübung. Nur so ist auch der Satz des Philosophen Robert Damien zu verstehen, wenn er meint: Autorität erlaubt, indem sie verbietet. Aus psychologischer Sicht geht die Liebe hierbei nicht verloren.

Es drängt sich die Frage auf, ob sich die Autorität auf jeden Lebensbereich überträgt. Hier kommt der Umstand zum Tragen, dass Autorität von Menschen ausgeübt wird und keine Persönlichkeitseigenschaft ist. Fühlt man sich in einem Lebensbereich sicher und hinterfragbar, weil man eben über viel Wissen, Erfahrung und Kompetenz verfügt, so strahlt man diese Sicherheit mit jeder Körperzelle aus: durch aufrechten Gang, klare Sätze, lockere, tief sitzende Stimme. Autorität übt man jedoch nur für einen bestimmten Lebensbereich aus: ein Orthopäde beispielsweise für orthopädische Erkrankungen, ein Psychologe für psychische Erkrankungen. Durch die Tatsache, dass aber die Sicherheit im Beruf mit nach Hause genommen wird, denn der Körper unterscheidet nicht zwischen Privatleben und Arbeit, vermittelt man natürlich auch in anderen Lebensbereichen Autorität. Allein ein Doktor- oder ein Professorentitel demonstriert diese Autorität. Keiner fragt, ob man beispielsweise Professor geworden ist, indem man Keime auf Kloschüsseln untersucht oder wissenschaftliche Arbeiten über lebensrettende medizinische Maßnahmen publiziert hat. Beide können dieselbe Art von Autorität ausstrahlen.

Erfolg kommunizieren

Um seinen Platz in der Gesellschaft zu definieren, muss man Erfolg kommunizieren. Das bedeutet nicht unbedingt, zu zeigen, dass man viel Geld hat, sondern Erfolg im Sinne von Zufriedenheit und Sinnhaftigkeit des eigenen Lebens darzustellen. Als erfolgreich gilt zu kommunizieren, dass man ein attraktives, lebenswertes, liebenswertes Leben hat. Das beinhaltet vor allem, Lebendigkeit zu zeigen. Erst wenn diese erkannt wird, kann der Erfolg gewertet werden. Als Beispiel kann ein Paar, das sich zusammensetzt, diese Lebendigkeit demonstrieren, indem übertrieben laut gelacht wird oder beide Partner sich durch die Haare fahren – Gesten, die symbolisieren sollen, wie gut die Stimmung ist, wenn man Zeit mit diesen Personen verbringt.

Aus psychologischer Sicht ist das jedoch genau umgekehrt. Je erfolgreicher man sich fühlt oder je attraktiver, desto weniger muss man dies anderen Menschen beweisen. Der Ferrarifahrer beispielsweise muss sich nicht mit dem Golffahrer messen, er weiß, dass er schneller ist. Etwas beweisen zu müssen, hat nur jemand nötig, der unsicher ist, denn er lebt ständig im Vergleich, der immer mit der Befürchtung verbunden wird, nicht so gut abzuschneiden, wie man gerne würde. Jemand, der das kommuniziert, ermöglicht auch allen Menschen in seinem Umfeld nicht, Erfolg zu kommunizieren. Er kann Größe nicht zulassen. Dies wird jedoch dadurch kommuniziert, dass andere kleingemacht werden. Es ist wichtig, sich bewusst zu machen, dass jemand, der sich nicht infrage stellt, es auch nicht nötig hat, andere Menschen kleinzumachen und infrage zu stellen.

Hierin liegt der große Unterschied in der Beziehung zu einem Hund. Im Rudel gibt es unterschiedliche Plätze und Rangordnungen. Jeder Hund hat seine Stellung, die ihm zugewiesen wird. Es macht den Anschein, als würde ein Leithund nicht angezweifelt oder hinterfragt werden dürfen. Doch es kommt immer wieder zu Machtkämpfen und zum Rollentausch. Auch ein Hunderudel unterliegt Stimmungsschwankungen oder vorübergehenden Änderungen wegen Krankheit oder Brutpflege.

Respekt kommunizieren

Kommunizieren wir anderen Menschen, dass sie Autorität ausstrahlen oder dass sie einen hohen Wert haben, so wird immer auch die Botschaft übermittelt, ein wenig kleiner zu sein als diese. Auf derselben Augenhöhe zu kommunizieren bedeutet, dem anderen respektvoll gegenüberzutreten – Respekt im Sinne von Achtung und Wertschätzung –, ohne sich selbst kleiner darzustellen. Respekt wird dann kommuniziert, wenn man einem Menschen, der etwa viel weiß, auch diese menschliche Größe zugesteht, ihm Respekt für das, was er geschaffen oder auch nicht geschaffen hat, zugesteht, ohne Neid oder Schadenfreude und ohne, dass man sich diesem Menschen gegenüber groß oder klein fühlt. Gleich eben, im Sinne von gleich wertvoll, gleich liebenswert, aber eben jeder auf seiner gesellschaftlichen, sozialen, beruflichen etc. Ebene. Zu viel Respekt – man begegnet dem anderen, fühlt sich aber nicht so groß wie dieser oder sieht sich gar als Versager – kann als demütig bezeichnet werden. Zu wenig Respekt würde in einer geringen Wertschätzung für den Erfolg und das Auftreten des anderen entstehen, das heißt, man würde überheblich, abschätzig, abwertend wirken, wenn man etwa den Eindruck hat, jener Mensch hat den Erfolg nicht verdient, man gönnt ihm ein Auto oder ein Haus nicht.

Jeder Mensch neigt dazu, sich mit anderen zu vergleichen. Dieser Prozess wird als sozialer Vergleichsprozess bezeichnet. Das Ergebnis jenes Prozesses hat einen spürbaren Einfluss auf die Kommunikation. Fühlt sich jemand tatsächlich überlegen und er trifft auf jemanden, der sich unterlegen fühlt, so kommunizieren beide Menschen ohne Probleme miteinander, sie harmonieren geradezu. Schneidet jemand unerwartet schlecht ab, kann Spannung entstehen, da jener, der sich vergleicht, mit sich selbst unzufrieden ist und dies durch die Kommunikation mit dem anderen erfährt. Respektvoll dem anderen gegenüberzutreten beinhaltet, dass man auf der Ebene der sozialen Vergleichsprozesse tatsächlich gleich abschneidet.

Im Alltag ist der respektvolle Umgang – und damit die Gleichwertigkeit – insofern oft beeinträchtigt, als stets Situationen auftreten werden, in denen sich jemand respektlos behandelt fühlt.

Das passiert unbewusst. Jemand macht etwas, das für den anderen eine Abwertung bedeutet, oft wissen beide Gesprächspartner nicht, dass ein Wort als respektlos gelten kann. Um also respektvoll zu kommunizieren, müssen wir bis zu einem gewissen Grad anderen Menschen erlauben, respektlos zu sein. Wir müssen anderen Menschen erlauben, zu beurteilen, wie wir uns anziehen oder frisieren, ob wir männliche oder unmännliche Autos fahren. Jede Interpretation eines Zustandes kann als Respektlosigkeit beurteilt werden. Je selbstsicherer jemand ist, desto mehr kann er sich erlauben beziehungsweise desto mehr wird er sich nicht gegen Respektlosigkeit wehren, weil sie von ihm abprallt.

Nehmen wir hierfür ein Beispiel aus der Praxis: Eine Frau kommt zum Psychologen und beklagt sich bei ihm, dass ihr Ehemann nicht freundlich mit ihr rede. Er komme nach Hause, wolle seine Ruhe, etwas zu essen, eventuell Liebe und schlafen gehen. Auf Dauer wird diese Umgangsweise als große Respektlosigkeit interpretiert, die Liebe ist in Gefahr, denn die Frau wehrt sich, indem sie streitet und mit Liebesentzug droht.

Eine Lösung des geschilderten Problems nach dem Fraberger'schen Kommunikationsmodell bedeutet, zuerst auf die Spannungsintensität zu achten. Darauf, welches Menschen- und speziell Frauenbild hier kommuniziert wird. Ob vielleicht die Identität des Mannes in Gefahr ist. Zu fragen, weshalb es nötig ist, der eigenen Frau die Rolle einer Köchin zu geben und vielleicht noch jene einer Reinigungskraft. Ob ihm selbst das genüge und was er sich von seiner Frau erwarte. Sie weiß, was sie erwartet, und sie weiß, dass sie es nicht fordern kann. Zuerst muss sie herausfinden, was seine Gefühle derart verletzt und was dazu beitragen kann, dass es ihm wieder gut geht. Dann erst kann miteinander geredet werden und die Vorwürfe und Forderungen haben ein Ende.

Doch so einfach ist es nicht, denn allein, um ihm eine Frage zu stellen, wird sie seinen Frust aushalten müssen. Sie wird ihm also erlauben müssen, mit ihr respektlos zu kommunizieren. Mit „Respektlosigkeit erlauben" ist gemeint: die kleinmachende Stimmung, in der der andere respektlos wird, nicht zu übernehmen. „Respektlosigkeit erlauben" soll nicht bedeuten, falschen Behauptungen zuzustimmen, sondern dem Gefühl des anderen keinen Widerstand entgegenzubringen, vielmehr ganz bei sich zu bleiben und dem anderen in seinem respektlosen Verhalten auszuweichen. Respektlos ist nur jemand, der vor sich selbst auch wenig Respekt hat. Wer hat es nötig, beispielsweise jemand anderem zu sagen: „Kochen kannst du aber nicht gut"? Oder: „So wie du angezogen bist, muss ich mich für dich genieren."

Allein aus diesen Behauptungen ist deutlich erkennbar, wie es dem Sender dieser Sätze gehen muss. Er oder sie hat also einen Selbstwert, bei dem man sich genieren muss. Er oder sie meint vielleicht: „Ich bin ein grader Michel und sage ehrlich, was ich mir denke." Diese Sätze zeigen jedoch nicht, was man denkt, sondern ob man sich groß oder klein fühlt. Sie sagen also ehrlich, dass sie sich klein fühlen. Das aber nur, indem sie andere Menschen klein- und schlechtmachen. Es wird die Eigenverantwortung abgegeben, indem dem anderen nichts zugetraut oder schlechtgemacht wird, was er kann oder tut: „Du kannst nicht gut kochen" als ehrliche Meinung, aber das Angebot „Ich koche das nächste Mal für uns, denn ich liebe Kochen" wäre netter. Man kann auch respektvoll kommunizieren, ohne den anderen kleinzumachen, selbst wenn man ehrlich ist. Bezüglich Geschmack – ob Essen, Arbeitsweise oder modisch – gibt es keine Wahrheit, sondern lediglich Vorlieben.

Dress to impress – oder doch der freie Wille?

Jede Kommunikation beginnt damit, dass ich dem anderen zeige, was ich von mir halte, ob ich mich quasi wertvoll fühle und schätze oder eben nicht. Das zeige ich gewollt oder ungewollt. Weiters zeige ich, ob ich von meinem Gegenüber etwas will, ich zeige aber nicht, was ich von ihm will. Diese beiden Aspekte – ob ich mich selbst mag und den anderen – hängen unmittelbar zusammen.

Wir haben gelernt, dass das, was ich will, rascher in Erfüllung geht, wenn das, wie ich mich wertschätze, richtig eingeschätzt wird. Je mehr ich mich schätze, je ernster ich mich nehme, desto weniger werde ich von meinem Gegenüber kritisiert oder infrage gestellt. Jeder möchte sich ernst genommen und respektiert fühlen. Hierfür orientiert man sich an gängigen Umgangsformen. Doch diese allein genügen nicht. Wir wollen stets etwas besser sein, immer etwas mehr darstellen, als wir sind, ständig etwas schlauer, kompetenter, lebendiger – liebenswerter – sein. Nur zeigen, wer ich bin, ist jedoch noch nicht Kommunikation. Man erwartet also eine Antwort auf das, was man von sich zeigt.

So banal und platt das wirken mag, Mode hat einen großen Einfluss auf die Kommunikation und damit auf die Beziehung zwischen zwei Menschen. Sie vermittelt Wertigkeiten, die verbinden oder gegenseitig ausschließen. Sofort wird hierdurch ausgedrückt, in welchem sozialen Umfeld sich jemand aufhält, welche Interessen man hat und eventuell sogar, welche politische Meinung einer vertritt. Wichtig ist die Hoffnung, dass jemand diese Wertigkeiten erkennt. Doch auch die Hoffnung kann Druck auf jemanden ausüben.

Kommunikation und Seele

Sich mit einem Menschen auszutauschen, mit ihm zu kommunizieren bedeutet, eine Ausdrucksmöglichkeit zu schaffen. Das Gegenüber soll erkennen, wie ich bin. Hier stellt sich die Frage, was ich zuerst von mir zeige, wie ich mich anziehe. Auf den ersten Blick wird man hierdurch beurteilt und klassifiziert. Stärken und Schwächen des eigenen Körpers können betont und überspielt werden, sodass dieser nicht zu einer Verurteilung führt.

Jeder Mensch besteht aus einem Körper und einer Psyche, also dem Geistig-Seelischen. Den Körper möchte ich als Materie bezeichnen, die Psyche als Idealismus. Will ich jemandem zeigen, wie liebenswert ich bin, kann ich den eigenen Körper durch materielle Wertgegenstände attraktiver gestalten, bei Männern durch eine teure Uhr oder ein Sportauto, bei Frauen durch teure Kleider, Taschen oder Schuhe. Sie symbolisieren Werte, die anderen Menschen zeigen, wer ich bin. Es ist jedoch nicht nur wichtig, zu zeigen, wer ich bin, sondern auch, dass ich mich mit Menschen umgebe, die den Wert dieser Gegenstände oder Ideologien erkennen. Und in diesem Satz liegt die große Problematik von Beziehungen und dem Stress, dass der Körper allein nicht genügt: „Dress to impress."

Auch im Idealismus findet eine Wertung statt, die vergleichbar ist mit „dress to impress". Möglichkeiten zu kommunizieren, wer ich bin, liegen im Materialismus und im Idealismus. Der Materialismus bietet sehr einfach die Möglichkeit, anhand von Gegenständen anderen zu zeigen, wer ich bin. Symbole helfen, Menschen einzuteilen und zu bewerten, beispielsweise anhand von geputzten Schuhen, eines sauberen Autos, eines Markennamens auf dem Hemd etc. Der Idealismus benötigt ebenso wie der Materialismus Symbole, anhand derer man erkennen kann, welche Werte man vertritt. Auch der Idealismus benutzt materielle Sachen, also Gegenstände wie Handtaschen oder Uhren. Die Symbole werden nur anders bewertet. Zum Beispiel liegt, stark vereinfacht gesagt, der Wert einer Handtasche aus Krokodilleder am Material selbst. Im Idealismus stellt sich etwa der Wert einer veganen Tasche oder eines Fair-Trade-Telefons oder eines Bio-Rollkragenpullovers als Lebensphilosophie über die Art der Herstellung ein. Idealistisch betrachtet stellen Symbole wie ein Kreuz, ein Kopftuch, eine Glatze etc. ebenfalls Werte dar, anhand derer man jemanden auf- oder abwertet. All das sind Wertigkeiten, die in der Kommunikation eine Rolle spielen. Kommunikation findet erst statt, wenn gezeigt wird, was man erkennt. Je geheimer die Zeichen, die zeigen, wer zu welcher Gruppe dazugehört – ob zu den oberen oder unteren Zehntausend oder gar zur Mittelschicht –, desto geringer ist die Anzahl jener Menschen, mit denen man in Verbindung tritt.

FALLBEISPIEL – Das habe ich nicht nötig

Eine Frau hat sich von ihrem Ehepartner getrennt. Dieser hat ihr knapp vor der Trennung ein teures Auto, ein Cabriolet, gekauft. Sie überlegt, dieses Auto zu verkaufen, denn es strahle ihr zu viel Überheblichkeit und Luxus aus, auf den sie eigentlich keinen großen Wert lege. Sie habe bereits ein wesentlich kleineres Auto im Auge.

Diese Sorge ist jedoch unbegründet, denn ein schönes Auto stellt nicht gleich Überheblichkeit dar. Ersetzt man das Wort Auto durch das Wort Körper, wird deutlich, dass Schönheit und Luxus nicht automatisch Überheblichkeit ausstrahlen. Es ist nämlich wichtig, jeden Körper als gleichwertig zu betrachten. Nur weil man einen großen, schlanken, gut aussehenden Körper hat, muss man nicht aufhören, sich zu pflegen, um auszustrahlen, wie unwichtig dieser doch ist. Mit dem Auto verhält es sich ebenso. Es ist egal, ob die Frau ihrem Gegenüber in einem teuren oder in einem billigen Auto vermittelt, wie unwichtig dieses für ihren eigenen Wert und ihre Kompetenz ist.

Frei bleiben in Beziehungen

Anderen Menschen zu kommunizieren, dass man großen Wert auf teure Kleidung, tolle Autos und Uhren legt, kann man, indem man diese Objekte trägt, sie zur Schau stellt oder sie mit Bewunderung kommentiert. Doch das Gegenteil zu vermitteln, nämlich, dass diese Gegenstände für den Wert eines Menschen unwichtig sind, hängt mit dem Gefühl von Freiheit zusammen.

Und wie hängt das mit Beziehung zusammen? Kann sich da jeder anziehen, wie er will? Lässt der freizügige, tiefe Ausschnitt der Partnerin auch den Partner noch gelassen und frei? Frei ist hier im Gegensatz zu gleichgültig zu sehen. Nur weil man beispielsweise frei ist von der Vorstellung, ein teures Kleid tragen zu müssen, bedeutet das nicht, ein kaputtes, nicht gebügeltes oder ungewaschenes anzuziehen.

Die Entwicklung von Freiheit, von freien Gedanken und der Möglichkeit, sich frei zu bewegen und zu überlegen, was ich mit dieser Freiheit anfangen möchte, führt dazu, dass ich Menschen kommuniziere, was ich will. Stimmt mir jemand zu, indem er meine Freiheit und meinen Willen erkennt, freue ich mich. Möchte ich, dass ein Mensch mit mir Zeit verbringt, und zeige ich ihm dies auch, entsteht in mir ein Unbehagen, wenn ich bemerke, dass er zwar Zeit hat, aber nicht für mich. Unbehagen deswegen, weil mein Wunsch nicht in Erfüllung geht. Allein die

Tatsache, etwas zu erkennen und sich mit jemandem und für jemanden zu freuen, kann also eine Verbindlichkeit mit sich bringen. Denn viele wollen nicht nur verstanden werden, sie wollen, dass man Zeit mit ihnen verbringt. Das sagen sie aber nicht. Und selbst wenn sie es sagen, kann eine Situation wie folgende entstehen:

Ein Ehemann fragt seine Frau: „Machen wir uns heute einen romantischen Abend?" Sobald seine Frau signalisiert: „Tolle Idee", gilt das als Zustimmung. Es ist eine Zustimmung für etwas, das entwickelt werden muss. Ob sich dann ein Gefühl einstellt oder nicht, weiß keiner der beiden im Vorhinein. Kommuniziert wird allerdings Gewissheit für einen romantischen Abend. Hat diese Frau am Abend jedoch keine Lust für Romantik, kommt der „Zug an der Leine" zum Einsatz: „Aber du hast doch Ja gesagt" oder „Dann sag doch gleich, dass du nicht willst. Schließlich kann man mit mir reden."

Die Verbindlichkeit einem Menschen gegenüber besteht ab dem Zeitpunkt, wo man bestätigt, dass man jemanden versteht. Dadurch, dass der eine den anderen versteht, scheint es nicht mehr erforderlich zu sein, den Abend so gestalten zu müssen, dass eine romantische Stimmung aufkommen kann. Die Diskussion über fehlende Romantik von einem der beiden nimmt plötzlich eine Dimension an, in der es um etwas Grundsätzliches geht, nämlich darum, dass sich der andere als Mensch respektlos behandelt fühlt. Die Verantwortung für das Zustandekommen von Romantik kann somit an den jeweils anderen abgegeben werden. Die einzig mögliche Antwort, diese Verbindlichkeit gar nicht erst entstehen zu lassen, wäre: „Warte mal ab, Schatz, wie der Tag verläuft." So lässt man sich nicht einfangen.

Diese Art des Drucks, jene Form der Leine entsteht in jeder Beziehung und führt zu massivem Stress. Es kann beispielsweise ein Abteilungsleiter seine Sekretärin fragen: „Kommen Sie heute noch dazu, etwas zu kopieren?" Selbst wenn sie am Vormittag der Meinung ist, das Kopieren ginge sich locker aus, wird sie einen unglaublichen Druck empfinden, falls ihr im Tagesablauf etwas dazwischenkommt. Weniger Stress für sich zu haben bedeutet also, so zu kommunizieren, dass der Druck aufgrund unausgesprochener Verbindlichkeiten sinkt. Bleibt diese Verbindlichkeit in der Beziehung bestehen, entsteht tatsächlich der Eindruck, als würde man den anderen Menschen nicht wertschätzen. Die Diskussion wird plötzlich auf einer Ebene geführt, um die es eigentlich gar nicht geht. Und das wichtigste Element, nämlich die Freiheit, geht bereits dann verloren, sobald man erkennt, was der andere will.

Was macht Stress? Jeder, der den Wert eines Menschen übersieht, bringt in eine Beziehung Spannung, also Unausgeglichenheit zwischen zwei Menschen – unbewusst und ungewollt. Und dagegen wehrt man sich automatisch, auch ohne es zu wissen, indem man jemand anderen unsympathisch, arrogant oder im Gegenteil kleinlich, minder, asozial findet.

Bei einem Hund ist das alles nicht so. Er möchte beispielsweise spazieren gehen, weiß genau, was er will, es besteht jedoch keine Verbindlichkeit zwischen dem Hund und seinem Herrchen/ Frauchen. Das heißt, die Freiheit bleibt erhalten. Beide wollen spazieren gehen, sonst hätte ja ein Mensch keinen Hund, jedoch kann sich der Zeitpunkt des Spazierengehens an den Bedürfnissen beider orientieren. Erkennt der Besitzer, dass sein Hund raus muss, so wird er diesem Wunsch nachkommen, bevor der Vierbeiner auf den Teppich macht. Ist keine Dringlichkeit geboten, kann Freiheit gewährt werden. Bei uns Menschen ist eine klare Willensäußerung bereits mit einer Verbindlichkeit verbunden. Es ist also wichtig, angemessen zu kommunizieren, um nicht

Sklave anderer Menschen zu werden. Geht man mehrmals pro Woche unbewusst Verbindlichkeiten ein, muss der Körper eine Stressreaktion schicken. Daraufhin entsteht im Kopf der Gedanke: Ich möchte endlich mal das tun, was ich will.

Das Element der Freiheit in der menschlichen Beziehung gelten zu lassen, muss eines der obersten Prinzipien werden. Es kann nur funktionieren, wenn wir die Gefühle des anderen genauso stark respektieren, wie wir unsere eigenen Gefühle respektieren.

Bei all diesen unterschiedlichen Wertigkeiten, denen man begegnet, fragt man sich: Wie kann ich werden, der ich bin, ohne mich von Gruppen und Werten manipulieren zu lassen? Betrachtet man das Fraberger'sche Kommunikationsmodell, bei dem eine Botschaft stets zuerst das Gefühl, später das Menschenbild, daraufhin das unbewusste Ziel und schließlich erst die Seele transportiert, so steht fest: Manipulieren im Sinne von Leiten oder Verleiten lässt sich nur jemand, der die Stimmungsintensität des anderen übernimmt und dadurch eine Verbindlichkeit zulässt. Wertschätzend und frei im Sinne von unverbindlich zu kommunizieren bedeutet etwa, auf die wiederholte Frage eines Arbeitskollegen „Gehst du mit mir ins Kino?" zu sagen: „Ich bin verheiratet und meinem Mann würde das nicht gefallen." „Und ja, er muss es wissen, sonst wäre ich ja nicht mit ihm verheiratet" wäre eine adäquate Antwort, sofern man nicht die Beziehung zu dem Arbeitskollegen in eine romantische Richtung entwickeln möchte. Zu glauben, die Beziehung mit dem Arbeitskollegen würde von einem Kinobesuch unbeeinflusst bleiben, wenn der Bekannte zum wiederholten Male fragt, blendet die Tatsache, dass diese Frage ein unbewusstes Ziel haben könnte, komplett aus.

Eindruck oder Ausdruck?

Sich die Freiheit zu nehmen, sich anzuziehen, wie man möchte, bedeutet auch, anderen zu kommunizieren, dass man frei ist. Es entsteht ein bestimmter Eindruck in den Augen anderer Menschen. Ein eifersüchtiger Ehemann betrachtet den Minirock seiner Ehefrau jedoch eher als Ausdruck seiner Angst. Diesen Druck wird er schwer aushalten. Allein anderen zu zeigen, wer man ist, gilt als Freiheit und bedeutet, etwas zu kommunizieren. Doch wo bleibt hier die Seele? Wie kann ich erkennen, was einen Menschen ausmacht, ohne auf den Körper, die Materie oder seine Ideale zu achten? Genau hier beginnt Kommunikation interessant zu werden. Betrachtet man als Psychologe, der in einem Spital arbeitet, die Situation dort, sieht und erlebt man täglich unmittelbar, was Menschen wirklich ausmacht, wenn sie von diesen Werten und Symbolen getrennt sind. Dann nämlich, wenn sie in einem Spitalsbett liegen und mit den Einheitsnachthemden wenig Eindruck machen können – ohne tolle Uhr, Auto, Schuhe, Haare, Hut oder ohne individuelle Kleidung. Jeder Mensch ist hier sozusagen gleich und gleich viel wert. Dennoch kommuniziert jeder, was ihn ausmacht, was er schätzt, mag oder eben nicht mag. Kommunikation ist hier pur, ohne Hilfsmittel, die darauf hindeuten, wie viel man wert ist.

Nicht Eindruck machen zu können, hat Vor- und Nachteile. Vorteile dann, wenn man mit jemandem reden möchte, um etwas zu fragen, etwas zu erfahren, um sich die Zeit zu vertreiben oder um Ängste, die im Spital häufig vorhanden sind, loszuwerden. Der große Nachteil jedoch liegt darin, dass man so direkt sieht, wie jemand lebt und gelebt hat – ganz unverblümt. Man sieht die Fragen, man weiß, wie sich jemand die Zeit vertreibt, wofür er sich interessiert oder nicht interessiert. Und nicht jeder zeigt das gern von sich.

Erst wenn man mit Menschen kommuniziert, denen die Hilfsmittel „weggenommen" wurden, die zeigen beziehungsweise symbolisieren, wer man ist, wird deutlich, wie groß der seelische Anteil ist, den Menschen jedes Mal von sich preisgeben, wenn sie mit jemand anderem reden oder auch nur reden wollen. Selbst wenn ein Gespräch rein fachlicher Natur ist, gibt jemand etwas Seelisches von sich preis. Denn derjenige zeigt, was ihn umtreibt, womit er sich beschäftigt und wofür er seine Zeit aufwendet, wie er denkt und handelt. Sobald man sich bewusst macht, was man da von sich zeigt, wird deutlich, weshalb Zurückweisung, Ablehnung oder auch schlichte Gleichgültigkeit wehtun.

Spannung entsteht auch, wenn etwas nicht kommentiert, nicht gesehen oder nicht beachtet wird. Wie kann das passieren? Besonders wenn man an die Forderung von Meister Eckhart denkt: „Der Mensch lasse zuerst sich selbst, dann hat er alles gelassen." Es heißt nicht, Gleichgültigkeit in sich aufkommen zu lassen, sondern auch, Akzeptanz zu zeigen. Einen Menschen links liegen zu lassen tut diesem genauso weh wie eine direkte Kränkung. Hierdurch wird nämlich kommuniziert, dass er nichts wert ist, und nicht, dass man ihn lässt, wie er ist.

„Dress to impress" hat also insofern auch einen seelischen Aspekt. Denn man zeigt anhand von Kleidung, wie man sich fühlt, ob sportlich, elegant, sexy, romantisch, modisch, altmodisch, dazugehörig oder als Außenseiter.

Sich anzuziehen bedeutet also nicht nur, dem Wetter zu entsprechen, sondern vor allem auch, seiner Entwicklung und Stimmung Ausdruck zu verleihen. Sich die Freiheit zu bewahren, anzuziehen, was man möchte, bedeutet, nicht auf den Druck einzugehen, den andere Menschen haben, wenn sie gewisse Kleider sehen. Wir leben jedoch innerhalb einer Gesellschaft, in der jeder Mensch frei bleiben möchte. Allzu leicht passiert es, dass die Freiheit eines Menschen eingeschränkt wird, wenn sich der andere zu viel davon nimmt. Als Beispiel möchte ich die Kleidungsfreiheit in einem Krankenhaus nennen. Natürlich steht es jedem frei, das anzuziehen, was er möchte. Mit Menschen zu arbeiten, denen es eventuell schwerfällt, Einheitsnachthemden zu tragen, in denen ein kranker Körperteil kaum verborgen werden kann, stellt sich oft als schwierig heraus.

Ich weiß genau, was ich will

Ich weiß genau, was ich will: Ich will mir eine Zukunft aufbauen, ein Auto haben, eine Partnerschaft, Freunde, eine Familie, einen Sinn im Leben, vielleicht einen Hund, etwas Geld sparen und glücklich sein.

Nur weil ich weiß, was ich mir wünsche, bin ich noch nicht frei und von einem freien Willen kann noch nicht die Rede sein – oder doch? Wie kann man sich frei entwickeln? Wie erkennen wir, was frei ist? Am Beispiel von „Dress to impress" sieht man, dass sich niemand von der Kleidung freimachen kann, sondern lediglich vom Urteil der anderen. In meinem Willen jedoch muss ich ungebremst bleiben. Das Streben nach Erkenntnis, nach einem Sinn, danach, sich etwas aufzubauen oder auch Kleidung zu kaufen, kann man lenken, aber man soll es nicht bremsen. Dieses Lenken erfolgt anhand von Wertigkeiten, die an Menschen gebunden sind. Jene können für uns entweder sogenannte Ideale darstellen oder auch solche, die wir nicht mögen. Beide haben Einfluss. Bei der Entwicklung eines freien Willens geht es darum, die Gegensätze zu schätzen. Von Idealen lernen wir, uns etwas abzuschauen, bei anderen Menschen lernen wir zu erkennen, wie wir nicht sein wollen. Freiheit entsteht nur durch Hinterfragbarkeit von Autorität.

Um meine Ziele zu erreichen, lerne ich lesen und schreiben, lerne zu arbeiten, Geld zu verdienen und lerne darauf zu achten, was alles passieren kann. Ich lerne nicht nur darauf zu achten, sondern auch, mir dessen sicher zu sein. Es soll ja nichts passieren. So gibt es kaum etwas, das ich in meinem Leben nicht versichern kann. In manchen Ländern kann man sich für gewisse Ereignisse sogar gegen Schlechtwetter oder das „Frühableben" versichern.

Mit Eigenverantwortung Freiheit zu kommunizieren erlaubt, zu den eigenen Werten zu stehen. Das bedeutet, dass ich frei bewerte und mir aussuche, von wem ich beispielsweise etwas lernen möchte. Freiheit braucht immer Wertschätzung, die es nicht nötig macht, andere oder sich selbst schlechtzumachen. Allein die Entwicklung zur Freiheit zeigt, dass frei sein nicht allein sein bedeutet. Zu wissen, was ich will und von wem ich etwas lernen möchte, ist der erste Schritt, eine Beziehung einzugehen. Eltern müssen für ihre Kinder wählen, welche Schule sie besuchen – ein Zeichen von Freiheit durch die Wahl. Freiheit in der menschlichen Beziehung zu gewährleisten bedeutet, die Bedürfnisse und Fähigkeiten von Menschen zu erkennen, doch die Art der Befriedigung offen zu lassen. Wir müssen also Freiheit kommunizieren. Dies erfolgt dadurch, dass wertschätzend mehrere Entscheidungen anerkannt werden.

Und doch leben wir so, dass viel Gutes nicht entstehen kann und vor lauter Kontrolle außer Angst und Unsicherheit wenig übrig bleibt. Aus Angst vor Streit verzichtet man darauf, seine Werte zu vertreten. Streit und Diskussion um ein Thema bedeuten noch lange nicht Krieg. Denkt man eingeengt: „Friede ist wertvoll und Streit ist wertlos", schafft man es nicht, Missverständnisse aus dem Weg zu räumen, weil man sich die Freiheit nimmt, für sich selbst zu kämpfen. Ich bin also bei Kleinigkeiten ruhig, damit zu Hause Frieden herrscht. Wiederholen sich diese Kleinigkeiten, so kann es sein, dass das Gefühl, gestresst zu sein, darauf hindeutet, dass ich etwas unterdrücke. Und es sind tatsächlich auch Kleinigkeiten, die große Auswirkungen auf die Beziehung haben können. Es genügt, dass ein Mann vergisst, die Klobrille wieder runterzuklappen. Wird das Bedürfnis danach, dass die Klomuschel geschlossen ist, nicht geäußert, kann ebenso ein Kommunikationsproblem auftreten, wenn etwas Gröberes passiert, etwa wenn der Partner permanent das Handy seiner Frau kontrolliert. Je mehr ich diesen Stress unterdrücke und je weniger ich diskutiere, desto wahrscheinlicher breche ich einmal aus und so passiert garantiert etwas. Entweder ich infiziere mich mit einer Krankheit oder ich breche mir etwas. Jemand, der seine Freiheit einschränkt, fragt sich: Ist das Glück immer gefährlich?

Allein eine Zielvorstellung schränkt den freien Willen ein, beeinflusst die Kommunikation, denn alles, was von meinem Ziel abweicht, kann als unfrei gelten. Freiheit zu leben und zu kommunizieren bedeutet also, keine Angst vor einer Entwicklung zu haben. Das zeigt sich, indem ich mich traue zu sagen, was ich will, auch wenn Mama dann böse ist.

Freiheit in der zwischenmenschlichen Kommunikation heißt, keine Spannung zu erlauben, indem man dazu steht, inkonsequent zu sein – inkonsequent aber nur in Bezug auf Aktivitäten, Handlungen etc., nie inkonsequent gegenüber seinen eigenen Gefühlen. Freiheit ist ein Gefühl, das im Körper als Harmonie empfunden wird. Begibt man sich in eine Situation, in der dieses Gefühl gestört wird, bedeutet das immer, ein Stück seiner Freiheit zu verlieren. Entweder weil es so schwerfällt, Nein zu sagen, oder weil man es nicht wagt, gegen Werte zu verstoßen.

Freiheit und Verantwortung

Wenn ich weiß, was ich will, es jedoch nicht erreichen kann, gibt es zwei Gründe, die man dafür verantwortlich macht und damit gleichzeitig die Eigenverantwortung abgibt:

Weil ich glaube, mir wäre etwas im Weg oder mir fehlte es an etwas. Überall lauern Hindernisse, die meinem Glück im Weg stehen. Ein scheinbarer Teufelskreislauf, aus dem ich nicht rauskomme. Entweder es mangelt mir an Geld oder an einer Ausbildung, für jenes bin ich zu groß oder zu klein, dort mag mich der Mensch nicht und hier mag ich niemanden ... Beispielsweise kann man glauben, ein Sportauto zu brauchen, um sportlich zu fahren. Eine Eigenschaft wird also mit einer Sache verbunden und damit die Verantwortung dahin gelegt. Sportlich fahren funktioniert freilich auch in einem Rollstuhl, mit einem Fahrrad oder mit einem Auto, das nicht für den Rennsport gebaut wurde.

Der Mensch braucht Gewissheit, laut Ludwig Wittgenstein ist dies das Sich-Auskennen. Das gilt nicht nur für die Wissenschaft, sondern auch für Beziehungen. Seine Freiheit zu vertreten bedeutet deswegen auch, sich auskennen zu müssen in den Beziehungen, die man unterhält. Bis zu einem gewissen Grad hat jeder Mensch Verantwortung für einen anderen Menschen. Nimmt man sich also die Freiheit, braucht man Gewissheit, dass man trotzdem die Menschlichkeit nicht aufgibt. Hierfür benötigt man in der Mensch-Mensch-Beziehung den Einklang zwischen Verstand und Gefühl. Dieses Auskennen liegt in der Sicherheit, dass mein Gefühl zu dem passt, was ich denke.

Vergisst man nicht auf die menschliche Verantwortung, die man in einer Gesellschaft trägt, darf man es sich erlauben, sich Freiheit zu nehmen. Freiheit bedeutet nicht, dass sich die Gewissheit auflöst. Das heißt, es ist trotzdem wichtig, dass man sich bei den Bedürfnissen seines Partners auskennt. Damit bleibt man trotz aller Freiheit in einer Beziehung verlässlich. Es muss dennoch Strukturen und Regeln geben. Erst wenn man den Sinn von Regeln erkennt und sich aufgrund dessen daran orientiert, kann man sich Freiheit ohne den Verlust von Gewissheit nehmen. Damit erlaubt man etwas, indem man verbietet. Folgt man dem Philosophen Robert Damien, der behauptet, man könne durch Gehorsam Freiheit erlangen, so ist aus psychologischer Sicht hierfür wichtig, dass man Eigenverantwortung übernimmt, die gewährleistet, dass man nicht auf die Menschlichkeit vergisst.

Der Wunsch, andere Menschen in ihrer Freiheit einzuschränken, führt häufig dazu, sich selbst bereits zu Beginn hinsichtlich von Bedürfnissen zurückzunehmen. Hier kann man etwas aus der Beziehung zu einem Hund lernen, in der die Freiheit des Vierbeiners weniger eine Rolle spielt. Hier geht es um das Verstärken oder Belohnen von Reizen, darum, Verhaltensweisen zu fördern. Klare Ziele und Strukturen sind vorgegeben, die einen verantwortungsvollen Umgang mit dem Hund erlauben.

Sex und Geld in der Kommunikation

Wegen der Grundbedürfnisse, erkannt und akzeptiert zu werden als der, der man ist, und bestätigt zu werden, liegt das Lebensziel grob gesprochen darin, liebenswert zu sein. Und wie kommunizieren wir Liebenswürdigkeit? Indem wir uns als wertvoll darstellen. Wir kommunizieren also unseren Wert und müssen darauf hoffen, dass er von anderen erkannt wird. Jeder vermittelt das auf seine Weise – der Professor anhand seines Wissens, der Hundebesitzer anhand seines folgsamen Hundes, der Rennfahrer anhand seines schnellen Autos etc. Diese Liebenswürdigkeit kann man symbolisch immer als Attraktivität, damit Sexualität, nämlich als extrem männlich oder sexy weiblich, oder aber als Macht in Form von Muskelstärke, Gewalt, Geld präsentieren. Der jeweils Mächtigere kommuniziert meist, dass er das auch ist, beispielsweise durch das Tragen einer teuren Uhr, das Fahren eines tollen Autos und weitere Statussymbole.

Kommunizieren ohne Sex und Geld

Besonders durch den Vergleich der Hund-Mensch- mit der zwischenmenschlichen Beziehung fällt auf, wie wenig gesichertes Wissen über uns Menschen vorhanden ist. Ist das Streben nach Macht etwa ein Trieb oder das Resultat eines Minderwertigkeitsgefühls? Ein Hund kann sich leicht unterordnen, Selbstwert gilt als fix. Ein Mensch muss sich entwickeln und so seinen Platz in der Gesellschaft finden. Behaupten muss man sich erst, wenn man auf Widerstand stößt, solange man anderen Menschen kommunizieren muss, was man alles hat und kann. Wird jemandem nicht gezeigt, was er alles hat und kann, so stellt dieser Mangel bereits eine Art Widerstand und Unsicherheit dar, was als fehlende Wertschätzung oder nicht vorhandener Respekt gewertet wird. Das Streben nach Macht ist das Resultat eines Gefühls. Erst wenn die Persönlichkeit und die eigene Identität derart gefestigt sind, dass die Notwendigkeit wegfällt, sich ständig behaupten zu müssen, beginnt man anders zu kommunizieren. Doch wann ist dieser Punkt erreicht? Und wie wird dann kommuniziert?

Findet man erst einmal die große Liebe, findet man zu sich, muss man anderen Menschen ja nicht mehr zeigen, dass man attraktiv oder mächtig ist. Bedingungslose Liebe bringt es mit sich, dass man den anderen Menschen mag, so wie er ist: attraktiv oder unattraktiv, schlank oder dick, arm oder reich. Das heißt aber nicht, dass man beginnen kann, ungewaschen und schmutzig außer Haus zu gehen oder zu meinen, nur ein unrasierter Mann sei ein echter Mann, nur weil man nicht auf seine Attraktivität hinweisen muss. Das Einzige, was sich also ändern darf, ist, nach außen zu kommunizieren, dass man zufrieden mit sich ist.

Ohne Sex und Geld zu kommunizieren bedeutet also, sich weder in seinen Fähigkeiten und seinem Wissen behaupten noch angeberisch zeigen zu müssen, was man hat, sondern zu zeigen, dass man sich und andere so lassen kann, wie sie sind. Denn auch ein alternatives Denken zu kommunizieren macht deutlich, dass man nicht in sich ruht und andere so lassen kann, wie sie sind. Man kann eine Gruppe von Menschen als lächerlich darstellen, also etwa dadurch, dass man signalisiert, dass Autos für einen selbst keinen Wert haben oder dass man nicht versteht, wie jemand viel Zeit und Geld in ein Fahrzeug investieren kann. Auch dadurch, dass man ausdrückt, Autofreaks nicht zu verstehen, gibt man ebenfalls Auskunft darüber, wie und wer man ist. Man kämpft um seinen Platz. Den anderen zu akzeptieren, wie er ist, bedeutet, nicht zeigen zu müssen, dass ich jemanden nicht verstehe. Je mehr Akzeptanz entgegengebracht wird, desto mehr Achtung entsteht davor, dass der andere sich für etwas begeistern kann, ganz egal, was das im Einzelnen und Konkreten ist. Mache ich jemanden schlecht oder lächerlich, stelle mein Gegenüber infrage oder lasse es nicht sein, wie es ist, so zeigt sich daran, dass ich im Grunde selbst unfrei bin. Gewertet wird immer, distanziert wird auch immer – Freiheit lässt werten, Unfreiheit lässt abwerten.

Das Streben in Form von viel Arbeiten oder das Streben nach Wissen, nach Glück oder danach, schöne Dinge zu erleben, kann also nicht schlechtgemacht werden. In einer Beziehung mit anderen Menschen geht es darum, wie man dieses Streben kommuniziert und was man sich davon erwartet.

Mit einem Menschen in Beziehung zu treten, ihm also zu kommunizieren, dass man ihn bedingungslos liebt, bedeutet also nicht, ihm zeigen zu müssen, dass er seine Hobbys aufgeben oder auf seine Körperpflege verzichten soll. Was bestimmt die Qualität einer Beziehung: Bedingungslose Liebe? Verstanden zu werden? Ausreichend Respekt und Achtung entgegenzubringen? Sex und Geld tragen sicher zur Qualität einer Beziehung bei, wenn erkannt wird, wie unwichtig beides für den Wert eines Menschen ist. Lebendigkeit und Freude in einer Beziehung zu erleben, aber auch Momente, in denen man für den anderen etwas tut oder mit ihm etwas erleben muss, geben einer Beziehung Sinn. Dieser muss nicht kommuniziert werden. Er wird gefühlt. Oft gehen Menschen Beziehungen ein, die ihnen sinnvoll erscheinen, weil dieses Erleben auf einer gemeinsamen Ebene gegeben ist. Menschen, die jene Art von Sinn und Erleben nicht kennen, fragen dann: „Was findest du an dem? Tust du dir nicht ein bisschen viel an?"

Wie verhält es sich aber, wenn es sich vordergründig nicht unbedingt um Geld und Sexualität drehen soll? Was können wir etwa aus der Kommunikation mit einem Hund lernen, wenn es weder um Sex noch um Geld oder Macht geht? Wir können von einem Hund lernen, dass jene Liebenswürdigkeit, die wir von ihm erfahren, von allen äußeren Umständen unabhängig ist. Wir können erleben, was Bedingungslosigkeit bedeutet. Denn ein Hund wird sich immer freuen über Menschen, die er mag. Für ihn muss man sich nicht attraktiv machen, man muss nicht trainieren, schnell laufen können oder über Eigenschaften verfügen, die Gemeinsamkeiten erlauben. Das klingt selbstverständlich, wieso muss hier also eigens darauf hingewiesen werden?

Nun, bei Paaren treten nicht selten Beziehungsprobleme auf, wenn einer von beiden ein gemeinsames Hobby nicht mehr mitmachen kann. Skifahren zum Beispiel. „So schade, dass ich nicht mehr mitkann", sagt die Frau und lässt ihren Mann allein auf Winterurlaub fahren. Das Drama besteht darin, dass die Bedeutung des Skiurlaubs und die Bedeutung, als Paar wohin zu fahren, komplett vernachlässigt werden. Wird das Erleben von etwas, auch wenn es gemeinsam erfolgt, über den Sinn gestellt – also der Wert einer Stimmung über den Wert einer Beziehung gesetzt –, fehlt diese Bedingungslosigkeit in der Liebe. Dies fällt anfangs nicht auf. Anfangs wird lediglich kommuniziert, dass es traurig ist, den Partner zurücklassen zu müssen, und bedauerlich, Gemeinsamkeiten dieser Art zusammen nicht mehr erleben zu können. Es muss also kommuniziert werden, dass das Glück und der Sinn in der Beziehung liegen und nicht in dem Erleben von Aktivitäten. Das können wir mit dem Hund erleben. Er geht immer gern spazieren, wenn ich mit ihm gehe, egal, ob laufend oder hinkend, mit Rollator oder wenn ihm sitzend ein Ball oder Stöckchen geworfen wird. Der Wert liegt in der Gemeinsamkeit.

Die menschliche Seele benötigt bedingungslose Liebe, dennoch ist es wichtig, für das Gegenüber attraktiv und liebenswert zu erscheinen. Sex und Geld prägen das Zusammenleben und sollen dieser Bedingungslosigkeit nicht im Weg stehen. Im Gegenteil, jeder soll gleichzeitig als körperlich tabu und wahnsinnig anziehend sowie attraktiv wirken. Es ist auffallend, dass sich viele Frauen sehr reizvoll anziehen, aber nicht auf diese Reize angesprochen werden wollen. Es ist aus psychologischer Sicht gut zu erkennen, dass Werte unabhängig und frei sind von körperlichen Gegebenheiten.

Die Ambivalenz zwischen Identität und Anerkennung muss in der Kommunikation beachtet werden. Denn die Bedingungslosigkeit bezieht sich auf die Liebe und bedeutet nicht, dass reine Wertschätzung dieselbe Nähe zulassen kann wie die Liebe. Ganz im Gegenteil. Jemanden bedingungslos zu lieben heißt, dieser Person auch zu gönnen und zu geben, was sie sich wünscht und was sie braucht. Im Idealfall wünscht sich natürlich der Partner Gemeinsamkeit. Erst hier können Harmonie und Ruhe im Körper entstehen und man kann seinen Interessen folgen. Darauf zu achten, dass es dem anderen gut geht, bedeutet, ihm oder ihr zu kommunizieren, dass es wertvoll ist, auf Gesundheit, Bewegung oder Sicherheit zu achten. Hier können Sexualität und Geld eine Rolle spielen. Das kann auch kommuniziert werden. Es widerspricht nicht der Bedingungslosigkeit. Besonders, weil Gemeinsamkeit das Ziel ist, muss man darauf achten, dass Gemeinsamkeit erlebt werden kann. Dazu müssen allerdings entsprechende Rahmenbedingungen bestehen. Im Umgang miteinander kann etwa Wert auf einen Sicherheitsgurt beim Autofahren gelegt werden, Wert auf gutes Werkzeug beim Arbeiten etc. Diese Werte zu kommunizieren bedeutet nicht, die Attraktivität oder Macht in den Vordergrund zu stellen.

Hierin liegt der große Gegensatz zu einer menschlichen Beziehung. Aufmerksamkeit bedeutet immer auch Wertschätzung. Nur wem ich keine Aufmerksamkeit schenke, kann ich auf diese Weise zeigen, dass ich ihn nicht schätze. Wertschätzung ist für Hunde eine biologische Orientierung. Ein Hundebesitzer erreicht seine Ziele nicht über Dominanz und Gewalt, sondern im vertrauten und kontrollierten alltäglichen Umgang mit Zuneigung und Distanz. Die Diskussion um Kommunikation zwischen den Beziehungsarten hat gezeigt, dass das Verhalten bei Hunden allein durch Aufmerksamkeit verstärkt wird, auch ohne Wertschätzung. In menschlichen Beziehungen lässt sich dies nur bei der sogenannten Protesthaltung beobachten, wenn also jemand gegen etwas sein möchte.

Kommunizieren mit Sex und Geld

Spätestens mit dem Beginn der Pubertät legt man großen Wert darauf, männlich oder weiblich auszusehen. Die Betonung auf weiblich wird in Form von weiblicher Körperhaltung, Augenaufschlag, Sauberkeit, Frisur etc. kommuniziert, Männlichkeit durch aufrechte Körperhaltung, Spannung im Körper, Anzug etc. Anderen Menschen zu kommunizieren, dass man ein Mann oder eine Frau ist, bedeutet, auf die Erotik hinzuweisen. Doch wir brauchen stets ein Publikum, ein Gegenüber, das diese Signale auch erkennt. Unterschiedliche sexuelle Ausrichtungen finden anhand von unterschiedlichen Symbolen ihren Ausdruck. Es geht aber immer um unterschiedliche sexuelle Ausrichtungen. Attraktiv und damit auch erotisch im Sinn von sexuell interessant wird man auch, indem man beispielsweise Reichsein kommuniziert. Die große Angst vor Existenzverlust kann dazu führen, dass man tatsächlich nicht auf den Körper eines Mannes achtet, sondern eher auf seine Geldbörse. Das ist dann auch tatsächlich Liebe, wenn auch zu Beginn nicht bedingungslose Liebe.

Es gibt zahlreiche Beziehungen im Arbeitsleben, in denen Sexualität und Attraktivität keine Rolle spielen sollen, zum Beispiel im Verhältnis zwischen Arzt und Patient, zwischen Anwalt und Klient, zwischen Psychotherapeut und Klient, zwischen einem Priester und seinen Schäfchen. Spätestens jetzt fällt auf, wie schwierig es ist, Kommunikation fachlich zu gestalten. Denn das geht eigentlich nicht. Ein Schönheitschirurg, der selbst gut aussieht, oder ein Zahnarzt, der auf seiner Homepage ein Lächeln mit weißen Zähnen zeigt – jenen Wert, den man vertritt, haftet man sich selbst an. Attraktivität und Fachlichkeit hängen also stets zusammen. Wissen und Identität sind damit nicht trennbar.

Trennbar sind sehr wohl die Wertigkeiten, die wir kommunizieren. Die Forderung der bedingungslosen Liebe zu einem Ehepartner etwa beinhaltet automatisch Sexualität und Geld. Das heißt, automatisch finden wir den Körper des Partners anziehend und wir geben dem Partner die Macht, bis zu einem gewissen Grad hierüber wie über das Geld zu verfügen. Bedingungslosigkeit in genau umgekehrter Reihenfolge ist auf die Beziehungen im Arbeitsleben anzuwenden. Hier gilt, dass wir Attraktivität als nicht bedeutend kommunizieren, genauso wie ein Vorgesetzter einer bei ihm angestellten Frau kommuniziert, dass ihn ihre Attraktivität nicht reizt. Seine Entscheidungen und seine Art und Weise, mit ihr zu reden, werden davon nicht beeinflusst. Er kommuniziert ihr Gelassenheit gegenüber jeglichen Reizen. In einer harmonischen Beziehung lassen tatsächlich jegliche Reize anderer Menschen Gelassenheit ausstrahlen.

Besonders im Berufsleben ist es wesentlich, anderen zu zeigen, wer man ist, was man kann beziehungsweise was man nicht kann.

Es ist jedoch besonders wichtig, das Gegenüber so zu lassen, wie es ist. Ob man von der Kommunikation mit seiner Attraktivität, Sexualität oder Ähnlichem abhängt, bemerkt man daran, ob man sich geschmeichelt fühlt, wenn jemand eine Bemerkung darüber macht, wie toll man aussieht. Je mehr Gelassenheit man empfindet, desto weniger abhängig ist man davon, ob und wie man anderen zeigt, dass man attraktiv ist.

Kann man fordern, nicht mehr mit Sex und Geld zu kommunizieren? Kann also ein eifersüchtiger Ehemann verlangen, dass seine Frau unattraktiv auf die Straße geht? Selbst wenn die Frau dieser Forderung nachkommt, besteht das Problem darin, dass es nicht darum geht, sexuell zu sein oder nicht, sondern vielmehr darum, ob man abhängig davon ist, ein Kompliment zu erhalten. Der eifersüchtige Ehemann jedoch ist leider bereits eifersüchtig, wenn beispielsweise ein anderer Mann erkennt, wie attraktiv diese Frau ist.

Mit einem Hund eine Partnerschaft einzugehen bedeutet, erst wirklich zu erkennen, wie unwichtig Attraktivität und Geld in der Kommunikation sein können, denn der Hund wird stets gleich auf seinen Partner reagieren.

Sich selbst als attraktiv anderen gegenüber darzustellen, sollte von der Liebe unabhängig gehalten werden. Man darf sich immer frei fühlen, der zu sein, der man ist. Liebesbeziehungen oder Arbeitsbeziehungen oder Interessengemeinschaften: Wie jemand auf den eigenen Körper reagiert, ist im Grunde jeweils das Problem des anderen.

Harmonie durch Konsequenz?
Von Liebe, Freiheit und Frechheit

Dem Gegenüber klar zu sagen, was man möchte oder nicht möchte, wird aus Sorge, unverschämt zu wirken, häufig unterlassen. Dieses Kapitel schlägt eine Brücke zur Respektlosigkeit, zur Frage: Wie grenzen wir uns von anderen ab? Wie zeigen wir: Bis hierher und keinen Schritt weiter? Wollen wir den Kontakt mit einem Menschen abbrechen, ist diese Frage leicht zu beantworten. Doch wie können wir harmonisch miteinander weiter kommunizieren und trotzdem eine wirksame Grenze ziehen? Besonders im Familienverband oder auch im Arbeitsleben werden Beziehungen derart gestaltet, dass sie nicht unbedingt freiwillig sind. Wie können wir Freiheit und den freien Willen in eine Beziehung bringen, wenn Letztere als nicht frei empfunden wird – nicht frei im Sinne von „ein klein wenig Verantwortung für den anderen"?

In einer Familie ist ganz klar, dass aufgrund der Obsorgepflicht für Kinder weder für Eltern noch für Kinder wirkliche Handlungsfreiheit besteht. Auch in einer Liebesbeziehung oder Ehe muss man im Bedarfsfall für das Wohlergehen des Partners entscheiden. In jeder Beziehung trägt man Verantwortung für sich und den anderen. Für die Kommunikation, die die Verbindung zum anderen darstellt, gilt als oberstes Grundprinzip: Der freie Wille ist stets in uns und vom anderen unabhängig. Der Wille kann auch immer frei bleiben. Menschen, die meine Freiheit einschränken wollen und die ich nicht mag, muss ich mit meiner Freiheit nicht belasten. Das Ziel sollte sein, Menschen zu finden, mit denen ich darüber reden kann, was mich interessiert.

Bis zur Pubertät ist ein Kind von den Eltern abhängig und es muss quasi mit den Eltern reden, sagen, wie es ihm geht, und sich Bestätigung erwarten. Hört eine Mutter nicht zu, wird das Kind fordern: „Mama, hier bin ich, hörst du mich?" Mit dem Ende der Pubertät darf sich der Freiheitsgedanke in der Kommunikation zeigen, nämlich sowohl darin, sich eigene Freiheiten zu nehmen, als auch darin, dem anderen Freiheit zu geben. Möchte also – wie in unserem Beispiel – eine Mutter ein bestimmtes Thema mit ihrer Tochter nicht diskutieren, darf man die Mutter so lassen, wie sie ist. Warum soll man das persönlich nehmen, was eine Mutter nicht versteht? Wozu erwarten, dass man von der Mutter oder vom Arbeitskollegen verstanden wird?

Grenzen zeigen

Anderen Menschen zu zeigen, was ich brauche und was ich will, bedeutet gleichzeitig zu sehen und zu akzeptieren, was jener Mensch braucht und will. Ein Beispiel: Eine Mutter kocht für ihre Tochter, damit diese, wenn sie am Abend nach Hause kommt, etwas zu essen hat. Die Tochter möchte jedoch mit einem Arbeitskollegen etwas essen gehen, ruft zu Hause an und sagt, sie komme heute später und esse auswärts. Es folgt eine Diskussion in der Nacht, bei der Mutter und Tochter erklären, was ihnen jeweils an der anderen missfällt. Solche Diskussionen gebe es öfter. Es stellt sich die Frage: Wie kann die Tochter eine Grenze zeigen, ohne Schuldgefühle zu haben? Wie soll die Mutter damit umgehen?

Respektvoll zu kommunizieren bedeutet, den anderen so sein zu lassen, wie er ist, ihm oder ihr nicht den Ärger, die Unzufriedenheit etc. abzunehmen. In diesem Fall würde es bedeuten, dass die Tochter der Mutter antwortet: „Ja, das mag ärgerlich sein, aber mit meinem Kollegen war ich schon lange nicht essen." Das ist respektvoll. Denn respektvoll ist nur, wer auch seine eigenen Bedürfnisse respektiert. Man muss keine Grenze setzen, indem man sagt, was man nicht mag oder was der andere sagen oder nicht sagen soll. Die Grenze ist dadurch spürbar, dass man sich selbst respektiert. Jeder, der zu sich selbst steht, zeigt dem anderen eine Grenze. Streit und Verstimmung sind daher nicht notwendig.

Vielen ist nicht bewusst, dass sich der andere automatisch zurückziehen muss, wenn sie nicht nett mit ihrem Gesprächspartner reden. Im Gegenteil fragen sie noch: „Wieso hast du mich schon wieder nicht angerufen?" Es genügt, an den respektvollen Umgang mit sich selbst zu denken, dann ist die Frage beantwortet. Weshalb wohl? Wahrscheinlich weil jener, der fragt, nicht eine Sorge durch diese Frage ausdrückt, sondern damit zeigen möchte: „Ich fühle mich nicht gut behandelt." Eigenverantwortung bedeutet also, sich selbst gut zu behandeln.

Wir lernen, dass sich Grenzen nicht automatisch ergeben, sondern dass man diese bewusst setzen muss, und zwar anhand von Symbolen oder Gesten, die als Konsequenz oder Maßnahme bezeichnet werden. Das Grundübel von Konsequenz und Maßnahme liegt darin, dass Ursachen nicht deutlich kommuniziert werden.

Wenn-Dann: Das hast du nun davon

In der Mensch-Hund-Beziehung gilt es, Kommunikation auf die Verhaltensebene zu verlegen und zu schlussfolgern: Dadurch, dass etwas belohnt wird, wird Verhalten verstärkt. Bei uns Menschen ist das anders. Oder doch nicht? Weshalb gibt es immer noch Männer, die behaupten, das „Nein" einer Frau sei ein „Vielleicht"? Sobald sich eine Einschränkung oder Vorbedingung, ein „Wenn-Dann" in die Kommunikation einer Liebesbeziehung einschleicht, lässt das die Liebe vergehen. Die sichere Folge eines Ereignisses als Konsequenz raubt die Freiwilligkeit und Bedingungslosigkeit von Liebe. Jedes auch noch so unbedeutende Ereignis kann dann als „Das hast du nun davon, selber schuld, das hast du doch gewusst, das war doch abzusehen" interpretiert werden.

Es ist wichtig, darauf zu achten, dass die Liebesbeziehung nicht nur zwischen zwei Menschen sein kann, sondern dass man auch eine liebevolle Beziehung zu seinen Hobbys und zu seiner Arbeit führen soll. Jeder Beginn von Kommunikation hat etwas Seelisches in sich, da dies mit der Darstellung der eigenen Person verbunden ist.

Weswegen wollen wir denn anderen gegenüber eine Grenze ziehen? Wo müssen wir zeigen, dass wir konsequent sind? Eine Grenze muss dann gezogen werden, wenn ich den anderen in Verbindung mit meinem Glück sehe. Wenn ich denke: Der steht mir im Weg oder das Verhalten schmälert mein Glück. Wenn ich also die Eigenverantwortung abgebe. Ich kann und muss signalisieren, dass ich den Kontakt nicht wünsche. Zwischen Kommunizieren und Signalisieren ist ein Unterschied und der besteht darin, dass ich, wenn ich eine Grenze kommuniziere, darauf achte, ob die Grenze verstanden wird. Jemandem zu signalisieren „Hier ist aus" bedeutet, dass es aus ist. Achte ich darauf, ob er das versteht, beginnt Kommunikation und ich komme ins Erklären. Nein zu sagen bedeutet nicht, die Grenze aktiv setzen zu müssen, sondern lediglich Ja zu sagen zu dem, was man möchte.

Glück ist die Zufriedenheit mit dem, was ich erreicht habe. Das heißt, Glück ist nicht die Konsequenz dessen, was ich erwarte. Das Glück ist weder immer lustig noch planbar; jeder sollte lernen, das Glück als solches zu erkennen. Dem Glück sind keine Grenzen gesetzt. Zum Beispiel: Wie kann man sich freuen, wenn man weiß, ein Nachbar gönnt einem nicht, was man hat? Eine lächerlich klingende Frage, aber die Missgunst anderer kann uns tatsächlich davon abhalten, Freude zu erleben. Es ist also wichtig, diesen Neid mit dem richtigen Gefühl zu beantworten. Die Antwort gibt man sich, nicht dem Nachbarn. Und sie ist wichtig, damit man sich selbst nicht bremst.

In diesem Fall wäre die Antwort: „Schade, dass er sich nicht freuen kann." Das genügt. Dann ist es nämlich egal, ob er herüberblickt oder ob er sogar fragt: „Haben Sie schon wieder was Neues?" Die Antwort „Schade" lässt nämlich das Gefühl bei ihm. Es ist damit egal, ob er fragt, weil er sich freut oder nicht freut. Ich kann meine Freude ohne Grenze genießen. Ärgere ich mich über ihn, kann ich nicht nur meine Freude weniger ausleben, sondern werde auch unfreundlich zu ihm, wenn er mich etwas fragt. Ich kann dann nicht gelassen antworten: „Ja, ich habe mir etwas gegönnt", sondern werde grantig zurückfragen: „Geht Sie das etwas an?" Die Freiheit liegt darin, keine Grenzen zu setzen im Gefühl, sich Dinge zu erlauben. Kommen unverschämte Bemerkungen des Nachbarn und fragt er nicht nur, so ist es schon wichtig, sich zu wehren, indem man signalisiert: Das geht ihn nichts an.

Was können wir nun tatsächlich antworten, um zu zeigen, dass wir verstehen, was der andere meint, wir aber nicht bereit sind, ihm Gefühle abzunehmen oder in den Ärger einzusteigen? „Wenn du meinst ...", „Ja, das kann sein, dass ich so wirke", „Ich gebe mir Mühe" sind exemplarische Formulierungen, die zeigen, wie man ohne Widerstand hört, was der andere sagt, und gleichzeitig nicht provoziert, weil unklar bleibt, ob und wie man über diese Äußerung tatsächlich denkt. Die Grenze ist gezogen und wird gespürt. Mehr ist nicht nötig. Jegliche weitere Kommunikation darüber, wie der andere denkt, würde die Grenze wieder aufheben beziehungsweise neu setzen. Denn immerhin, ich signalisiere dem anderen, dass er es wert ist, mit mir darüber zu diskutieren, wer ich bin und was ich will. Eine Grenze setze ich nicht nur, indem ich nicht auf das Verhalten eines Menschen einsteige. Besonders bei Personen, die mir nahestehen, wie die Mitglieder der Familie oder Freunde, setze ich eine Grenze dadurch, indem ich zeige, dass ich in jemanden Vertrauen habe oder dass ich ihm eine Aktivität zutraue. Bittet jemand etwa um Hilfe, so ist das Zeigen von Vertrauen und Zutrauen, dass er es auch ohne mich schafft, eine Art, sich abzugrenzen.

Konsequenz kommunizieren

Führung und Erziehung brauchen Konsequenz im Verhalten. Das heißt Folgerichtigkeit, Unbeirrbarkeit und Entschlossenheit, um ein Ziel zu erreichen. Wer diesen Satz richtig findet, kommuniziert wenig Toleranz, wenig Liebe und wird mit Sicherheit Schwierigkeiten dabei haben, die bedingungslose Liebe zu finden. Ein Unternehmen etwa, das einen Maßnahmenkatalog anwendet, um Mitarbeiter darauf hinzuweisen, wie Arbeitszeiten eingehalten werden müssen, wird immer Probleme mit den Arbeitszeiten haben. Mitarbeiter werden krank, eventuell in ein Burn-out fallen. Hierbei wird nämlich vergessen, was Menschen dazu motiviert, einen Arbeitsplatz aufzusuchen. Auch wenn Ziele eines Betriebes stets in einer fachlichen, sachlichen oder monetären Angelegenheit liegen, Beziehung ist nie sachlich, auch nicht eine Arbeitsbeziehung.

Die Frage, was Mitarbeiter benötigen, ist dieselbe, was Menschen brauchen. Ein Mitarbeiter bleibt immer ein Mensch, selbst in einem sachlich-fachlichen Kontext. Das Gefühl der Wertschätzung allein ist für Mitarbeiter zu wenig. Für jeden Menschen ist Gutsein allein nicht genug. Wir müssen für etwas oder für jemanden gut sein. Als Psychologe kenne ich traurige, einsame Mütter, die sagen, sie lebten nur für ihre Kinder. Das Gefühl, für etwas gut zu sein, muss also vermittelt werden. Ein Betrieb kann daher vermitteln, wofür sein Mitarbeiter gut ist. Vermittelt man dieses Ziel, kann ein Sinnempfinden aufkommen und man erhält Energie, die geforderten Aufgaben locker zu bewältigen.

Es kann also infrage gestellt werden, was das Androhen von Konsequenz in einer Beziehung verloren hat. Geht man davon aus, dass Konsequenz in eine Beziehung passt, bedeutet das, dass die Bedingungslosigkeit in der Beziehung fehlt. Trifft diese Konsequenz ein, ist Liebe da. Fehlt also in einer Beziehung, in der Geld das Grundbedürfnis ist, das Geld, so wird diese beendet. Oder die Beziehung wird beendet, sobald ein anderer mehr Geld hat. Oder wenn wir direkter an den menschlichen Körper denken wollen und hier Sport als Konsequenz betrachten, dann wird man spätestens, wenn ein Partner unsportlich wird, sich einen sportlicheren suchen.

Wie können wir ohne Konsequenz deutlich zeigen, was wir an einer Beziehung schätzen? Die Frage lautet: Wie können wir menschlich miteinander umgehen, das heißt, den anderen so sehen, wie er ist? Doch das Wort Konsequenz bringt stets ein Ziel in die Beziehung. Wir sehen den anderen Menschen immer nur in einem Moment. Ein Ziel vor Augen zu haben bedeutet, einen Entwicklungszustand zu erreichen. Betrachten wir das Ziel einer

Entwicklung und vergleichen dieses mit der momentanen Situation, so wird man stets unzufrieden sein. Das haben Ziele nämlich so an sich. Ein Ziel ist immer etwas noch nicht Erreichtes. Doch welches Ziel? Diese Frage müsste man sich aus meiner Sicht heraus täglich stellen. Denn jedes Ziel stellt eine Art von Konsequenz für eine Beziehung dar. Bei meinem Hund bedeutet Konsequenz, dass ich alles, was ich von ihm will, durch Futter oder Liebe verstärke, und dass ich alles, was ich nicht möchte, unterbinde, ignoriere oder durch Vorausschau erst gar nicht entstehen lasse (nicht gebotene Liebe ist keine Strafe). Während bei der Erziehung beziehungsweise im Umgang mit Hunden Konsequenz der Schlüssel zum Erfolg ist, stellt sich bei Kindern die Lage komplett anders dar. Sie fordern ja meinen Widerstand heraus, sie brauchen Diskussion und Wiederholung bei gleichzeitig immerwährendem Zustand der bedingungslosen Liebe. Konsequenzen im Sinne von Bestrafung führen bei Menschen nicht dazu, dass sie tun, was ich möchte, sondern dazu, dass sie fragen, weshalb ich so gemein oder laut bin. Dabei will ich ja weder laut noch gemein, sondern lediglich konsequent sein. Gerade in meiner Situation ist es oft so, dass ich aufgrund der fehlenden Möglichkeit (zum Beispiel Hände), meine Kinder festzuhalten, etwas lauter sprechen muss. Nicht unbedingt lauter, aber wirklich deutlicher und „schärfer", damit die Konsequenz meiner Worte erfasst wird.

Ziele konsequent zu verfolgen, ist enorm wichtig, die Konsequenz in einer Beziehung zu verfolgen, führt rasch zu Kränkung und Demütigung.

FALLBEISPIEL: Lernen eines Musikinstruments und Konsequenz

Frau R. kommt in die Praxis mit der Sorge, wie ihre Tochter Klavier spielen lernen könne. Die Tochter sei zwölf Jahre alt und habe schon mehrere Jahre Klavierunterricht erhalten. Die Tochter habe auch ein eigenes Klavier zu Weihnachten geschenkt bekommen. Nun weigere sie sich immer öfter, den Klavierunterricht zu besuchen. Sie als Mutter überlege als Konsequenz, das Klavier jemand anderem zu geben, denn es brauche auch viel Platz zu Hause. Wenn die Tochter nicht spielen wolle, dann könne man auf das Klavier gut verzichten. Es wurden bereits unterschiedliche Klavierlehrer herangezogen, der Widerwille der Tochter gegen den Klavierunterricht habe sich freilich kaum verändert. Soll Frau R. nun konsequent sein oder nicht?

Nach mehreren Diskussionen hat sich herausgestellt, dass sich die Tochter weniger gegen den Klavierunterricht als vielmehr gegen den Druck der Eltern, den sie empfindet, wehrte. Es wurde eine Vereinbarung getroffen, wie das Klavierspielen unabhängig von Wünschen und Zielen der Eltern erlernt werden könnte. Denn als Konsequenz von jeglichen Problemen wurde ihr immer mit dem Verbot, Klavier zu spielen, gedroht. Bis letzten Endes die Tochter nicht mehr wollte, um so jeglicher Drohung auszuweichen. Es zeigte sich, dass Konsequenz in der Erziehung und das Erlernen des Klavierspielens nichts miteinander zu tun hatten.

In vielen Diskussionen mit meiner Frau über Erziehung sowie Gespräche hierüber mit Klienten und Patienten wie auch in der Literatur wurde mir klar: Wenn Eltern konsequent sind, werden Kinder bestraft, angeschrien, beschämt und auf gewisse Weise gedemütigt. Manchmal weinen Kinder dann, manchmal lachen sie, manchmal weichen sie aus. Als Eltern fühlen wir uns auch nicht gut, wer würde sonst zum Psychologen gehen? Der Umgang mit Konsequenz betrifft also generell die Frage, wie wir miteinander umgehen.

Konsequenz beinhaltet nämlich eine Kränkung für uns Menschen, denn die Menschlichkeit wird nicht beachtet. Ich werde als Mensch gekränkt, wenn ich konsequent behandelt werde. Wenn ich also kein Keks bekomme, weil ich beispielsweise beim Autofahren geschimpft habe, fühle ich mich gekränkt. Beim Hund hingegen findet keine Kränkung statt, sondern lediglich eine Veränderug des Verhaltens. Beim Training mit einem Hund wird mir als Besitzer mein Verhalten wie ein Spiegel vorgehalten. Der Wert von Konsequenz muss beim Verhaltenstraining im Vordergrund stehen.

Konsequenz als Wert

Durch eine klar verständliche und regelmäßige Kommunikation mit dem Hund sind alle Verhaltenswünsche bei ihm möglich. Der Hund empfindet die Konsequenz in Verbindung mit positiver Bestätigung als Lernhilfe zur Alltagstauglichkeit. Mit hinreichendem Training (Kommunikation) wird ein entsprechendes Fehlverhalten kontrolliert und das gewünschte Verhalten bestätigt. Das Verhalten ist das Ergebnis von Training und nicht das Erkennen eines Wertes.

Während Konsequenz in der zwischenmenschlichen Kommunikation und damit in einer Beziehung wenig verloren hat, ist diese Eigenschaft sehr hilfreich, wenn es darum geht, Wissen zu erwerben, einen Sinn im Leben anzustreben, eine Fähigkeit zu erlangen. Konsequenz hilft dabei, seinen eigenen Interessen treu zu bleiben. Für sich selbst ist Konsequenz also enorm bedeutend, um erfolgreich und damit glücklich zu leben.

Wenn der Sinn des Lebens in Erkenntnis liegt, so trägt Kommunikation wesentlich dazu bei, dass andere etwas erkennen können. Indem durch Leichtigkeit und Liebe die Ergebnisse harter Arbeit präsentiert werden oder indem der Wert einer Beziehung auch dann gezeigt wird, wenn man miteinander streitet, kommuniziert man anderen, dass es sich lohnt, nicht aufzugeben, es durchaus sinnvoll sei, für sich selbst konsequent zu bleiben. Es ist ein Wert, der, auf sich selbst angewandt, vor allem dann hilft, wenn mit Misserfolg und mit Missverständnissen umzugehen ist – unbeirrbar eine Meinung zu vertreten, unbeirrbar zu sich zu stehen, aber aus Liebe. Bleibt das Mitgefühl zur Orientierung, so kann man sicher sein: Jene Werte, für die man konsequent eintritt, sind gut.

Es ist zu bedenken, dass man sich auch vom Erreichen eines Ziels abhängig machen kann, wenn man dieses konsequent anstrebt.

Liebe kommunizieren

Liebe zu kommunizieren bedeutet, den anderen so zu schätzen, wie er ist, weil einem das selbst auch gut tut. Erkennt der andere den Stellenwert der Liebe, kann er diese beantworten, indem er sagt: „Es tut mir auch gut, mit dir zu sein." Gegenseitiger Respekt ist vorhanden, wenn jeder seine eigenen Bedürfnisse erfüllt. Kommt Konsequenz in eine Beziehung, also zum Beispiel „Nur wenn du aufhörst zu trinken, bleibe ich bei dir", entsteht Druck in der Beziehung, gegen den man sich wehrt. Unbewusst reagiert der Körper: Das wollen wir doch mal sehen. Und es wird weitergetrunken. Die Liebe kennt ja keine Bedingung – „Wenn du aufhörst zu trinken" –, sondern sie fordert, dass es dem anderen gut geht, damit es einem selbst auch gut geht. Sobald diese Forderung quasi erfüllt ist, kann das Geschenk der Liebe angenommen werden. Man kann also nicht für den anderen aufhören zu trinken, genauso wenig wie man zu trinken beginnt, weil der andere da ist. Das Beispiel eines Alkoholproblems zeigt deutlich, dass ein Problem von einem Partner ungelöst ist. Durch den Alkohol kommuniziert man erst, dass es ein Problem gibt. Frauen greifen weniger zum Alkohol, sondern tendieren eher dazu, depressiv zu werden.

Doch warum kann man nicht einfach anders miteinander reden und sagen, was einen bedrückt? In einer Paarbeziehung ist es deswegen oft schwierig, zu sagen, wie es einem geht, weil auch hier der Grundsatz gilt: Ohne ein Du kein Ich. Ich brauche also den anderen, damit ich an ihm erkennen kann, wie es mir geht. Liebespaare jedoch nehmen Rücksicht aufeinander, sie schonen sich aus Liebe zum anderen. Dies verzögert natürlich die Antwort: Es geht mir nicht gut. Durch ein Alkoholproblem oder eine Depression wird zwar gezeigt, dass ein Problem besteht, aber es bleibt unklar, wer von beiden das Problem hat und wie es gelöst werden kann. Nur mit dem Trinken aufzuhören, ändert das Problem noch nicht.

FALLBEISPIEL: Liebe, Sex oder Pornos in einer Beziehung

Eine Frau berichtete, sie sei von ihrem Mann verlassen worden, weil sie depressiv geworden sei. Dies habe dazu geführt, dass weniger Intimität und Zärtlichkeit ausgetauscht würden. Das war der Hauptgrund für den Mann, letzten Endes zu gehen, meinte sie. Natürlich kann man hier die Ursachen der Depression ergründen, doch ich blieb als Psychologe beim Thema Beziehung. Sie erzählte, dass der Mann seit Beginn ihrer Beziehung stets Pornos angesehen habe. Sie habe gelegentlich mitgeschaut, jedoch wollte sie mehr als pure Sexualität, sie wollte Liebe, auch ohne Pornos. Es kam immer zum Streit, da sie jedoch nicht mehr streiten wollte, habe sie sich emotional zurückgezogen. Die Depression war die Folge.

Dieses Beispiel soll zeigen, dass eigentlich nicht die Depression schuld ist an etwas, sondern der Umgang des Mannes mit Sexualität. Selbst wenn die Depression noch in der Beziehung behandelt worden wäre, glücklich zu werden mit Pornos, obwohl Liebe gefordert wird, ist nicht möglich. Sie berichtete, dass ihr Ex die Depression für das Scheitern der Beziehung verantwortlich mache. Denn er stehe dazu, seine Sexualität anhand von Pornos auszuleben.

Liebe zu kommunizieren bedeutet also, immer auf sich zu achten, auch wenn es darum geht, Angst davor zu haben, den Partner zu verlieren. Versucht man sich zu verstellen oder zu verbiegen, die Liebe zu sich also zu unterdrücken, ist das Ende einer Beziehung vorprogrammiert. Entwicklung kann nur stattfinden, solange liebevoll gestritten wird, solange beide Partner fordern, dass keiner die Liebe zu sich ignoriert. Konsequenz hat in Bezug auf die eigene Person eine enorme Bedeutung. Wenn zwei Partner miteinander kommunizieren, wird die Schuld immer dem Schwächeren gegeben. Der Schwächere ist jener, der krank wird oder gegenüber einer Affäre oder einer anderen Beziehung schwach wird. So absurd das klingen mag, in Liebe zu kommunizieren bedeutet, sehr konsequent seine eigenen Bedürfnisse einzufordern. Würde das bedeuten, dass in diesem Beispiel der Mann richtig gehandelt habe? Hat er nicht seine Werte vertreten, als er sagte, er stehe zu seinen Pornos?

Nein. Wenn Liebe bedeutet, auf den anderen zu achten, heißt es, versuchen zu wollen, den anderen zu verstehen. Beharren beide auf ihrer Meinung und erwarten Rücksicht aufgrund des Verständnisses, findet keine Entwicklung statt. Pornografie als mächtiger Ausdruck, dem anderen zu zeigen, was man kann und was man im anderen auslösen kann, ist noch nicht Liebe. In Liebe mit jemandem ins Bett zu gehen, ist eine Hingabe auf einer anderen Ebene, in der man sich die Freiheit gibt, zu spüren, was die Lust verlangt. In der Pornografie findet das Element der Freiheit wie ein Trieb oder wie eine Sucht statt. Gerät man in solch eine euphorisch-pornografische Stimmung, die von Liebe unabhängig sein kann, so ist die Stimmung das Wichtige am Akt. Sobald Liebe im Spiel ist, geht es um die intensive Beziehung zum anderen Menschen. In der Sexualität kann diese Beziehung einen Höhepunkt finden. Jedoch ist eine hohe Spannung im Sinne einer starken Gemeinsamkeit auch dann spürbar, wenn das Paar Hand in Hand spazieren geht. Die Frau im angeführten Beispiel forderte also etwas, das der Mann nicht entwickeln wollte, vielleicht nicht konnte.

So kommunizieren, dass wir einander verstehen

Kommunikation ist die mit dem Verstand schwer erfassbare, unsichtbare Verbindung zwischen zwei Menschen, welche dann entsteht, wenn einer etwas von sich zeigt und der andere diese Botschaft annimmt. Doch was tatsächlich gezeigt und verstanden wird, darum wird gestritten. Wie diese unsichtbare Verbindung zwischen Menschen gelingen kann, wird anhand zahlreicher Modelle und Theorien über Kommunikation betrachtet. Dieses Buch versucht, die immer noch bestehende Problematik, dass Kommunikation und damit die Verbindung derart angespannt ausfallen kann, dass Gewalt entsteht, anhand des Vergleichs mit der Beziehung Mensch-Hund zu betrachten. Auch in der Beziehung zwischen einem Hund und einem Menschen kann Aggression entstehen, vor allem dann, wenn der Hund nicht folgt. In dieser Art von Beziehung ist Außenstehenden jedoch klar, dass das Kommunikationsproblem beim Hundebesitzer liegt. Ausgehend von diesen Überlegungen wurde das Fraberger'sche Kommunikationsmodell entwickelt, das die Verbindung zwischen zwei Menschen anhand von vier nicht sprachlichen Aspekten betrachtet:

1. Emotionalität: Wir senden und empfangen die Heftigkeit oder die Sanftheit eines Themas. Unbewusst bleibt, welches Gefühl gesendet oder empfangen wird. Das ist Interpretationssache und hängt stark vom eigenen Selbstbewusstsein ab.

2. Identität/Menschenbild: Wir senden und empfangen sowohl das Bild, das wir von uns selbst haben, als auch jenes, wie wir uns

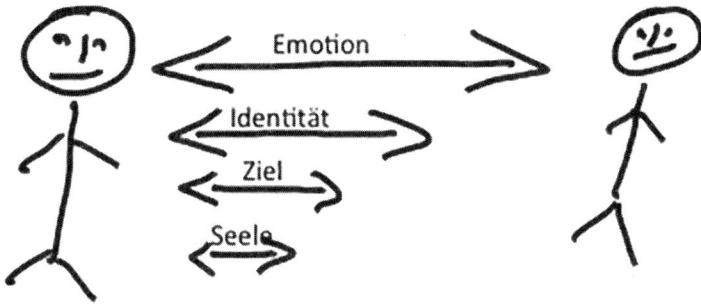

Menschen sehen, also zum Beispiel Männer, Frauen, Kinder –
wir vermitteln dem Gegenüber, wie wir mit Menschen umgehen.

3. Unbewusste Ziele: Wir senden und empfangen, ob und was
wir von unserem Gegenüber erwarten beziehungsweise wollen:
wenn ein Mensch den anderen ausnutzen will, mit jemandem
Sex haben möchte, ohne zu lieben, Macht ausüben möchte über
jemanden, sich Sorgen macht um jemanden etc.

4. Die Seele: Gleichzeitig übermitteln und empfangen wir immer
das, was den Menschen ausmacht, unabhängig davon, was noch
kommuniziert wird. Die menschlichen Aspekte kommen besonders in der Liebe, in der Krankheit, im Leiden, in der Kunst und
in der Wissenschaft zum Vorschein. In einer Beziehung beispielsweise, in der ein Mann eine Frau schlägt, ist für Außenstehende oft
nicht nachvollziehbar, weshalb diese Beziehung aufrechterhalten
wird. Doch die Frau, die ihren Mann liebt, kennt ihn und weiß,

welche Eigenschaften er noch hat und was ihn wirklich ausmacht. Das entschuldigt nicht das Verhalten, erklärt jedoch ihr Verständnis.

Damit Kommunikation ohne Aggression, ohne Kränkung und ohne viel Spannung gelingen kann, ist es wichtig, sich bewusst zu machen, wie Spannungen entstehen. Das Fraberger'sche Kommunikationsmodell bietet die Möglichkeit, klar zu differenzieren, welche Spannungsanteile vom Sender ausgehen und welche vom Empfänger. Das Ziel menschlicher Kommunikation soll darin liegen, dass wir einander verstehen – nicht darin, dass der andere macht, was ich sage. In der Hundekommunikation ist nicht das Verstehen das Ziel, sondern das Verhalten des Hundes.

Die Überlegungen, wie Kommunikation vor sich geht, sind von unseren Erfahrungen ausgegangen, nach denen Menschen oft vergessen, was das Gegenüber ihnen mitteilt. Es wird hauptsächlich darauf geachtet, was die Mitteilung auslöst. Gleich zu Beginn einer Kommunikation fragt man sich: „Was glaubt der, wer ich bin?" – „Wie redet der mit mir?" Danach, wie es dem Menschen geht, der es nötig hat, so mit mir zu sprechen, wird oft nicht gefragt. Somit kommen wir also gar nicht dazu, den anderen zu verstehen, sondern wir bleiben mit uns beschäftigt.

Das vorgestellte Modell macht in der Kommunikation zwei Schritte bewusst: Erstens zeigt es auf, dass wir, wenn wir eine Botschaft erhalten, immer zuerst spüren, wie es dem anderen geht. Und zweitens kann ich mich dafür entscheiden, auf das Gefühl des anderen zu reagieren, oder mich davon zu distanzieren. Es erlaubt also mehr Achtsamkeit. Die große Bedeutung dieser Achtsamkeit liegt vor allem darin, dass unser Denken und Fühlen sehr stark von Stimmungen abhängt. Hinterfragen wir nicht, welche Stimmung und welche Emotionalität übermittelt werden, so übernehmen wir diese Stimmung unbewusst. Denn nur, wenn wir auf diese Stimmung antworten, hört mir der andere auch zu. Hauptziel des Fraberger'schen Kommunikationsmodells ist es, Stimmungen zu beantworten, damit der andere zuhört, ohne diese automatisch zu übernehmen. Das Eingehen auf Stimmungen kann lebensrettend sein. Befinde ich mich zu Hause und jemand läutet Sturm, kann ich das Verhalten sofort als Druck interpretieren. Das fühlt sich sehr unangenehm an und um diesen Druck aufzulösen, kann ich verärgert die Tür öffnen und hinausschreien: „Was gibt's?" Lerne ich, nicht nur in erster Linie auf mich und meine eigenen Bedürfnisse zu achten, so spüre ich: Derjenige, der läutet, steht offensichtlich unter Druck. Ich kann also zur Türe gehen, öffnen und fragen: „Was gibt es denn Dringendes?" oder „Was ist passiert?"

Allein diese leicht veränderte Wortwahl zeigt, dass ich verstehe, dass der andere es eilig hat oder dass ihn etwas bedrückt. Wenn meine Frau draußen steht und lautstark antwortet: „Ich versuche dich seit zehn Minuten anzurufen, ich wollte dich zum Einkaufen treffen. Warum hebst du nicht ab?", kann ich gelassen bleiben und antworten: „Tut mir leid, dass ich auch ein Eigenleben habe." Oder ebenfalls gelassen anbieten: „Ärgere dich nicht, ich koche dir einen Kaffee." Bleibe ich nicht gelassen und habe ich mich bereits beim Öffnen geärgert, da ich die Art des Läutens unverschämt finde, kann Streit entstehen. Die Stimmung zu Hause ist jedenfalls schlechter. Wird meine Frau sagen: „Ich habe den Schlüssel vergessen und muss dringend aufs Klo", werde ich die eilige Stimmung übernehmen können, rasch ausweichen, ihr die Tasche und den Mantel abnehmen und die Türe hinter ihr schließen. Die Stimmung bleibt trotz Druck und Eile gut.

Indem ich erkenne, dass der Druck, den manche Menschen auf mich ausüben, kein respektloses Verhalten mir gegenüber ist, sondern lediglich deren Problem, habe ich die Möglichkeit, diesem Druck auszuweichen. Den anderen zu verstehen und darauf zu antworten heißt also, sich zuerst bewusst zu machen, in welcher Stimmung das Gegenüber ist. Diese Stimmung muss angesprochen oder gezeigt werden. Wie machen das Menschen? „Wenn du wissen willst, wie es mir geht – komm und schau dir das Bild an, hör dieses Lied, schau mit mir den Film an. Geh mit mir dort hin, ich zeige dir etwas ..." Es gibt zahlreiche Möglichkeiten, dem anderen eine Stimmung zu vermitteln, damit er weiß, warum ich so bin, wie ich gerade bin.

Die spielerischen Überlegungen über Kommunikation anhand der Mensch-Hund-Beziehung haben gezeigt, dass der große Vorteil in der Beziehung mit einem Hund darin liegt, die Stimmung des Hundes nicht erst erkennen zu müssen, sondern dass sich der Hund auf einen einstimmt. Er bietet mir immer einen reinen Tisch an. Das heißt, in dem Moment, in dem er mich sieht, kommt die Stimmung in ihm auf, die immer auftritt, wenn er mich sieht. Egal, ob ich Sturm läute, ob ich zehn Mal oder kein einziges Mal am Tag telefoniere, ob ich zu spät oder zu früh nach Hause komme. Neben der stimmungsmäßigen Klarheit, die vor allem der eigene Hund einem anbietet, ist die positive Bewertung des Zusammenseins stets deutlich spürbar. Es gibt keine sogenannte Neutralität der Gefühle, wie wir Menschen das oft ausdrücken.

Du sprichst mir aus der Seele

Sich ganz verstanden zu fühlen und den stimmungsmäßigen und anderen Aspekten von Kommunikation wie der Persönlichkeit (Identität) und den unbewussten Zielen eines Menschen zustimmen zu können, erzeugt ein Gefühl von Harmonie. Das Gefühl der Verbundenheit entsteht und der sprichwörtliche Eindruck, man spricht aus der Seele. Es herrscht eine Situation, bei der sowohl inhaltlich als auch emotional, das heißt mit der nötigen Zurückhaltung, dem nötigen Respekt, aber auch mit der nötigen Distanz, nicht widersprochen werden muss. Wenn dies der Fall ist, kann man so miteinander leben, dass sich jeder darauf konzentrieren kann, was ihm wichtig ist. Um diese Art von Kommunikation zu erreichen, postulieren wir zehn Punkte. Wir unterscheiden, ob man derjenige ist, der eine Kommunikation beginnt, oder derjenige, der angesprochen wird.

Wie bleibe ich, der ich bin?

Kommunikation hat das Ziel, eine Verbindung mit Menschen einzugehen, bei der ich sowohl erkannt und akzeptiert werde als auch erkenne und akzeptiere. Für uns Menschen ist verstanden zu werden wichtig als Ausdruck des Erkennens. Aus der Freiwilligkeit, verstanden zu werden, wird häufig eine Forderung, die manchmal mit Aggression verbunden ist, um dem anderen zu vermitteln: So musst du sein. Wie wir miteinander kommunizieren können, lässt sich unter anderem aus der Hund-Mensch-Beziehung lernen.

Der große Vorteil der Kommunikation mit Hunden ist der, dass die Frage „Warum verstehst du mich nicht?" in die Frage „Wie muss ich sein, damit ich verstanden werde?" umgewandelt werden kann. Übertragen auf die zwischenmenschliche Kommunikation ergeben sich hieraus für zwei Menschen, die eine Kommunikation beginnen möchten, zehn Überlegungen, wie man den anderen und sich so lassen kann, wie man ist:

1. Erkenne den Grad der eigenen Zufriedenheit, mit dem etwas gesagt und gehört wird. Je zufriedener man ist, desto ausgeglichener ist man und desto weniger Druck wird in der Kommunikation spürbar. Finde heraus, ob Unzufriedenheit entsteht, weil das Gegenüber unzufrieden ist oder weil bei mir etwas ausgelöst wird, das unzufrieden macht.

2. Welche Identität, welche Persönlichkeit und welches Menschenbild werden vermittelt? Eine solche, der ich zustimmen kann, oder eine solche, die mir nicht gefällt? Man muss sich bewusst machen, wie viel man sich tatsächlich mit dem anderen auseinandersetzen muss. Der Wunsch, mit jemand anderem in Kontakt zu treten, ist ein menschliches Grundbedürfnis. Wenn wir etwas von uns zeigen, betrifft es immer auch unser Innerstes, unser Wesen, das, was uns ausmacht, unsere Seele. Dennoch darf der Wunsch, etwas von sich zu zeigen, nur als Angebot verstanden werden. Ob das Gegenüber akzeptiert und versteht, was ich von mir zeige, kann ich nur hoffen. Je freier dieser Wunsch ist, desto angenehmer für das Gegenüber.

3. Welches Ziel beziehungsweise welchen Sinn hat die Verbindung mit dem anderen? Sieht ein Mann beispielsweise eine hübsche Frau und sagt er sich „Die muss ich haben" und spürt ein großes Verlangen, kann er sich sicher sein: Die Frau spürt auch, dass ihr ein starkes Gefühl entgegengebracht wird, noch ist unklar, ob stark positiv, negativ, ängstlich, bedürftig. Es ist wichtig, zu Beginn der Kommunikation für sich zu klären, ob dies eine Arbeitsbeziehung, romantische Beziehung, Affäre oder Beziehung zur finanziellen Unterstützung sein soll. Die Hoffnung auf das Gegenüber kann bereits zu Beginn der Kommunikation vorhanden sein.

4. Erkennen der emotionalen Reaktion des anderen auf das Angebot zur Kommunikation: Beginnt man mit jemandem zu reden, ist rasch erkennbar, ob dieser Mensch gern zuhört, zuhört oder nicht gern zuhört. Hört ein Mensch gern zu, kann inhaltlich eine Diskussion geführt werden, denn das Gegenüber steigt auf die Stimmung ein. Hört jemand nur zu oder nicht gern zu, steigt der Druck zwischen zwei Menschen. Die Leine wird spürbar, wenn man sich nicht zurückzieht und das Gespräch auf eine andere Ebene bringt.

5. Erkennen, ob das Gegenüber für die eigenen Hoffnungen und Erwartungen offen ist oder nicht: Besteht der Eindruck, dass das Gegenüber offen ist, können inhaltlich Erwartungen und Hoffnungen geäußert werden. Besteht der Eindruck, dass das Gegenüber nicht offen ist, kann Verständnis geäußert werden sowie Trauer – je nachdem, wie intensiv die Beziehung ist. Je weniger intensiv diese ist, desto mehr wird die geäußerte Trauer oder Enttäuschung Spannung erzeugen. Es liegt in der Natur der Sache, dass man weiß, ob man jemanden mag oder nicht mag, je mehr man ihn kennenlernt. Auch zu wissen, ob man nicht gemocht wird, dient zur Orientierung.

6. Missverständnisse aufgrund von Hoffnungen oder Erwartungen, die nicht erfüllt werden, können sowohl zu Trauer, Kränkung, Depression als auch zu Aggressionen führen. Auch wenn ein Gefühl immer richtig ist, Handlungen, die Gefühle ausdrücken, sind nicht immer richtig. Das bedeutet: Das Gefühl Aggression als Ausdruck der Hilflosigkeit, wenn man nicht verstanden wird, hat seine Berechtigung, aggressives Verhalten hat das nie. Ein Mann hat es nicht nötig, seine Frau zu schlagen, wenn er nicht bekommt, was er will.

7. Inhaltlich darf alles gesagt werden, vorausgesetzt, das Gegenüber wird ausreichend respektiert und geachtet. Hierfür muss Klarheit darüber bestehen, was man sich vom anderen erhofft und erwartet. Je klarer die Botschaft, desto klarer die Antwort.

8. Beachten, dass nur die Liebe bedingungslos ist. Beginnt man eine Kommunikation mit einem bestimmten Ziel, einer Erwartung oder Hoffnung, ist Bedingungslosigkeit nicht gegeben. Deswegen kann Harmonie nur entstehen, wenn die Art der Beziehung geklärt ist.

9. Immer im Moment bleiben: Den größten Einfluss in unserem Leben haben Liebe, Geld und Sexualität. Deswegen wird hier beispielhaft eine Liebessituation gebracht. Denkt ein Mann bereits zu Beginn der Kommunikation daran, wie die Frau nackt im Bett ist, so ist er stimmungsmäßig bereits in der Zukunft. Dies beeinflusst den Moment des Gesprächs enorm, da er in einem derart euphorischen Zustand ist, den die Frau wahrscheinlich als Druck erlebt, dem sie Widerstand bieten muss – außer es ist Liebe auf den ersten Blick. Besonders heutzutage, in einer Zeit, in der das Mobiltelefon überall hin mitgenommen wird, ist es schwierig, sich auf den Ort und die Personen zu konzentrieren, bei denen man gerade ist. Eltern, Freunde, Partner können sich jederzeit melden, schreiben, wo sie sind, und die Gedanken auf sich lenken.

10. Beenden Sie die Kommunikation, wann immer Sie wollen. Bleiben Sie länger als gewollt in Kontakt mit einem Menschen, entsteht eine Spannung. Die Leine wird spürbar. Authentisch zu kommunizieren bedeutet auch, dazu zu stehen, wenn man nicht mehr möchte.

Ein Gespräch beziehungsweise, viel globaler, die Kommunikation zwischen Menschen wird von Sender und Empfänger stimmungsmäßig geprägt. Die Behauptung, Kommunikation sei eine Leine zwischen zwei Menschen, klärt nicht, wer an welchem Ende der Leine steht. Das bedeutet, Sender und Empfänger, beide also, sind für die Spannung und die Qualität von Kommunikation gleichermaßen verantwortlich. Das Kommunikationsmerkmal der geteilten Verantwortung für das eigene Wohlergehen gilt nur für die Mensch-Mensch-Beziehung. In der Beziehung zu einem Hund trägt der Besitzer die Verantwortung für das Tier.

Die Diskussion um die Kommunikation in einer menschlichen Beziehung und jener mit einem Hund hat außerdem gezeigt, dass gelungene Kommunikation und Harmonie keine Worte brauchen. In der Beziehung zu einem Hund ist Konsequenz notwendig, um das Verhalten des Hundes zu steuern.

Das konsequente Verfolgen von Zielen kann bei uns Menschen das Gefühl von Harmonie in der Kommunikation/Verbindung zum anderen zerstören. Eine kleine Frage genügt, wie zum Beispiel „Willst du mit mir essen gehen?", und eine Verbindlichkeit zwischen zwei Menschen kann diese Freiheit nehmen. „Ich traue mich nicht, Nein zu sagen" oder „Ich möchte ihn nicht verletzen" oder „Du weißt, dass ich nicht will, wieso diskutieren wir das jede Woche?" – all das zeigt, dass Konsequenz freiheitsraubend ist. Sich diese Freiheit zu bewahren ist möglich, indem man den Mut hat, zu seinen eigenen Bedürfnissen zu stehen. Das bedeutet Mut, zu anderen Menschen inkonsequent zu sein in Bezug auf die Erfüllung von Wünschen anderer! Wir sind nur dann verlässlich, treu, hilfsbereit, sicher und gütig, wenn wir zu den eigenen Weltanschauungen stehen. Das Mitgefühl ist uns angeboren und geht lediglich dann verloren, wenn wir uns daran orientieren, was uns als Verlässlichkeit, Treue, Hilfsbereitschaft, Sicherheit und Güte kommuniziert wird. Nur wer rücksichtsvoll und klar ausdrücken kann, was den eigenen seelischen Bedürfnissen von Akzeptanz und Einfühlsamkeit entspricht, kann langfristig harmonische Verbindungen aufbauen.